加爾默羅靈修系列

凡尋求天主，深感除天主外，
心靈無法尋獲安息和滿足的人，
會被吸引，進入加爾默羅曠野。

歡迎來到加爾默羅會

Welcome to Carmel

麥克・格利芬神父
（Michael Griffin OCD）
佩琪・威爾金森
（Peggy Wilkinson OCDS）——等著
台灣加爾默羅會——譯

CONTENTS

序言

我們寫這本書《歡迎來到加爾默羅會》，唯一的目的是指導加爾默羅在俗成員，幫助他們全面地深入這個聖召的神聖莊嚴。加爾默羅會在俗成員的聖召是很神聖的，需要非常特殊和周全的準備，尤其是真實的靈修準備，使望會者的心靈有所確信，肯定他們將要參加的生活形態會彰顯天主的光榮，輝映加爾默羅聖母的純真光華。

事實上，本書中許多篇章取自我給望會者的道理和講解，他們渴望著這個神聖的召喚，想分辨天主帶領他們回應這神聖的召叫。

加爾默羅會的會母——亞味拉聖女大德蘭慶節彌撒[1]的頌謝詞寫道：

「祢使她與神聖的友伴基督締結神婚，讓基督教導她熱愛祈禱與補贖，幫助教會合一，使教會充滿聖德。」

為了達到這個神聖的目標，聖女大德蘭希望所有的修會成員，首先要下定決心，達到圓滿的基督徒聖德。其次，聖會母德蘭希望的是：全體會

1 天主教會於每年的十月十五日慶祝大德蘭瞻禮日。

士以最可能的慷慨活出加爾默羅會的聖召。最後，熾愛天使般的聖會母願我們時時牢記不忘，凡慷慨答覆天主的感召和恩寵並與之合作的人，天主會福祐他們。

根據個人的經驗，我知道，能景仰並確信聖女大德蘭及修會中其他優異聖人的祈禱和榜樣，真是非比尋常的好事。

聖女大德蘭在其《自傳》中寫道：「有一天，當某個人進入了你的生命，帶領你更親近天主時，這是多麼幸福的一天啊！」我常常回想她的這句話，因為在我們的修院裏，有尊很美的聖女大德蘭塑像，每當我經過時，總會不禁喃喃自語：「大德蘭，這是多麼幸福與喜悅的一天！當您進入了我的生命，帶領我日益親近天主，我對您的感激是無以言盡的！」

最後，我願向台灣加爾默羅會表達謝意，我深覺欣喜並由衷感激他們將《歡迎來到加爾默羅會》譯成繁體中文並付印成冊，以饗中文讀者。

美國威斯康辛州聖丘聖家修道院

麥克・格利芬神父 OCD

01 歡迎來到加爾默羅會

本章作者
華盛頓特區聖若瑟分會
加爾默羅在俗成員 佩琪．威爾金森
Peggy Wilkinson OCDS

Welcome to Carmel

加爾默羅會的精神是人人適用的

在我們的觀念中，天主以其神性活焰的火花，為我們每一個人注入一份屬於我們個人的恩賜。經由這神性的分享，我們註定要相似天主。我們永遠不能變成天主，但是作為祂的義子義女，我們都要分享祂的財富。

「我們是天主的子女。我們既是子女，便是承繼者，是天主的承繼者，是基督的同承繼者。」（《羅馬人書》八16－17）「藉著祂的光榮和德能，將最大的和寶貴的恩許賞賜給了我們，為使你們有分於天主性。」（《伯多祿後書》一4）

雖然在我們內都具有天主的生命，但是每一個人所覺察到的程度不同。這種覺察力的鍛鍊、生活於天主的臨在中、決心遵循一種生活方式以增長天主託付給我們的寶藏，都是加爾默羅會的靈修基礎。瑪利亞，這位活聖殿，基督曾實質地居住在她的子宮內，我們在靈修上要努力學習她：

「你們應該知道，你們的身體是聖神的宮殿，這聖神是你們由天主而得來

的，住在你們內。」（《格林多人前書》六19）

當基督在我們內發展出祂獨特的肖像時，就是進入永生。每個人靈一生的發展，要看他對天主之愛的回應而定。

這生命的火花因聖事，特別是聖體聖事，也因修德與祈禱而獲得滋養。經由每天的祈禱，我們和基督的友誼逐漸成熟並發展成愛情。靈性的愛情加深並被淨化時，人靈逐漸改變而相似天主本身（具有相同的品質），並參與聖三的活潑生命與愛情關係。「誰愛我，我父也必愛他，我們要到他那裏去，並要在他那裏作我們的住所。」（《若望福音》十四23）

聖經與聖人們稱這種天主的內居（Indwelling）為神婚（spiritual marriage），試圖描述天主對每個人靈有力的、神化性的愛情（transformation love）。我們都蒙召在愛內和天主形成一種親密的關係，一種神性的親密。有些人則由一種特殊的聖召，如修道生活或在俗會，和天主形成神性的親密關係。因著我們的聖召，我們努力跟隨修會的傳承，為教會的益處度祈禱生活。

我們在天國都將是默觀者，我們都蒙召度某種程度的默觀生活。那些在有生之年達到最高等級的神化與天主結合的人就是聖人。這種狀態是完全依靠天主的聖寵，靈魂保持接受及被動的與天主合作，不阻礙天主完成祂的工作。

但是在初期，出於我們自己一定程度的努力是需要的。「你們要瞭解，這裡不是指超性的事，而是我們在天主幫助下自己應該努力的事，沒有天主的幫助，我們什麼也不能做。」（《全德之路》29．4[1]）「一切害處在於不能真正瞭解天主就在面前，卻把祂想得好遠。」（《全德》29．5）

耶穌在行奇蹟之前，總向祂的跟隨者要求一些小小的努力，這對我們的靈修生活是很重要的。瞎子在看得見之前，得知要在水池中洗一洗；在耶穌餵飽群眾之前，餅和魚必須帶到祂跟前；加納婚宴中，陶缸裡必須裝滿水，才能變成酒。天主不是僅以奇蹟來轉變世界或個人，祂期盼我們的合作。祂只要求每個人能力所及的工作——懷著大愛作小事。這很簡單的行動是我們謙遜經驗的一部分。我們由此才能夠完全瞭解，不是我們微不

1《聖女大德蘭的全德之路》由星火文化出版，以下簡稱《全德》。29 表示為第二十九章，4 為第四節。

2 本書 22 張彩圖為加爾默羅聖衣會大林隱院 2022 年 6 月落成前後拍攝，特別感謝林保寶攝影及撰寫圖說。

斗室是修女個人的至聖所，是她獨自與天主生活的地方、持續歸向天主的故事。[2]

足道的行動，而是天主的大能在我們內並且在世上工作。

要裝滿清水，我們的陶缸必須先出清，以祈禱、痛苦和修德來化空。然後我們懷著愛情，在天主的臨在中等待，祂匆匆的一瞥，把我們的淚水轉變成聖愛的美酒。「主啊！祢把最好的酒保留到現在。」（《若望福音》二10）

俗話說，千里之行，始於足下，即使在陶成期中，修會斷定你沒有加爾默羅修會的聖召，然而其間你任何的進步，即使只是你一生走向與聖愛結合的頭幾步，仍具有無限的價值。「聖神和新娘都說：『請來！』凡聽見的也要說：『請來！』凡口渴的，請來！凡願意的，可以白白領取生命的活水。」（《默示錄》廿二17）

信仰的意思是「聯繫」，我們內在自我和天主之間的聯繫。若沒有這種內在的關係，外在的儀式沒有意義。「這民族用嘴脣尊敬我，他們的心卻遠離我。他們的朝拜也是枉然。（《瑪竇福音》十五8）

加爾默羅會的特恩

天主為教會和全人類的益處，在靈性方面把各修會的創立人預備好堪當領受聖寵之後，賜給每個修會不同的特恩。這些聖人如同每個王朝的開創者，多少世紀以來，留下精神的遺產供追隨者使用。這些修會家庭的成員，因著他們的聖召，能以一種特別的生活方式繼承這些產業。然而更重大的意義是，經由教會，這些特恩和聖寵以及一切聖人的芳表和教誨，都屬於每一個人。「我們都是祂的子女。」（《宗徒大事錄》十七28）

修會的精神如同精純的香水，具有令人愉悅的芳香，卻又各具微妙的差別。正如同各個獨立的靈魂，全都反映幾分天主的美好、豐富與多彩多姿。要認識加爾默羅會的精神，必須深入修會的遺產與傳承、修會的聖人和他們的著述。當人靈在其內吸收了這獨特的精神之後，才能以自己獨特的方式活出古老的傳承，為今日世界重新詮釋，正如同為了更瞭解加爾默羅會諸聖的著作，最近將之重譯一般。一位法國的哲學家曾提醒說：「如

聖衣是聖母賜給加爾默羅會的特恩，
是聖母常護祐的標誌，
也是奉獻給瑪利亞的記號。

果你沒有活出你所相信的方式，那麼你就會相信你所生活的方式。」

加爾默羅會是曠野

內心的不安是人性狀態的一部分。「主啊！我們的心是為祢而造的，除非安歇在主內，不能得到安息。」（聖奧斯定 St. Augustine）。

當我們的身體向我們發出警告的訊號時，我們會做些事。當基督從內心對我們示意時，我們應注意祂。「看，我立在門口敲門。」（《默示錄》三20）

我們內的聖神切望回歸其本源——我們的天父。許多人因內在的渴望而困惑，並且試圖藉著持續不斷的喧鬧和活動來逃避。今日的世界，自殺已成為一種常用的逃避方法。人們往往不瞭解他們的痛苦是在靈魂裡，身體的死亡並不能消除痛苦，因為靈魂像天主一樣是無限的。有些人希望另一個人減輕他們的渴望，懷著對配偶過分的期待進入婚姻，當內心的不安復返時，他們就責備配偶。然而我們最深的部分是單單留給天主的。「我們即使在家裡也害思鄉病」。（卻斯特頓 G. K. Chesterton[3]）

加爾默羅會教導我們不要逃避這些紛擾，相反地要進入「曠野」面對它們。曠野表示一個地方，在那裡我們放下一切不必要的事，花時間在靜默和獨居中，與我們內在的神性朋友獨處。經由每天的默想，我們和基督的友誼發展成愛情。所有的愛情關係，若要成長，都需要把時間全獻給對方。「為此，請看，我要誘導她，領她到曠野和她談心…我要永遠聘娶妳，我要以愛情和仁慈聘娶妳，以忠實聘娶妳，使妳認識我是上主。」（《歐瑟亞先知書》二16）「你們要停手，應承認我是天主。」（《聖詠》四十六11）

我們努力在忙碌的生活中實踐曠野的靈修，即內在的靜默和獨居，天主的臨在感。加爾默羅會不強調某一種使徒工作，而包含所有的使徒工作，天主的愛當下影響我們的一切活動。「當積極的工作從內在的根基上升時，它們變成可愛且無比芳香的花朵，因為這是從天主之愛的樹上開出來的，

3 G. K. Chesterton，1874-1936，英國作家、平信徒神學家、藝術評論家。「布朗神父」系列小說開犯罪心理推理之先河。

只為祂而開，沒有任何私利。這些花朵的芳香是為很多人的利益而散播的。」（聖女大德蘭《默思〈雅歌〉》七3）

加爾默羅會是一種生活方式，培養一種日益增強的覺察力，覺察我們在度世間尋常生活時，在我們內心深處與天主結合的事實。納匝肋的聖家是完美的模範。加爾默羅會是一種靈修方式，人們在生命中的每一步都可能實踐。「看哪！我要行一件新事，如今就要發生；你們不知道嗎？看哪！我要在荒野中開闢道路，在沙漠裡開掘河流。」（《依撒意亞先知書》四三19）「他們在曠野找到了赦免……我永遠愛你，因此我給你保留了我的仁慈。」（《耶肋米亞先知書》卅一2）

加爾默羅會是獨居的，但也是團體性的。聖三是第一個團體。瑪利亞——第一個基督徒，受到聖神的庇廕，偕同充滿聖神的宗徒們，吸引其他人進入初期教會的團體。聖神在團體中運行。「那裡有兩個或三個人，因我的名字聚在一起，我就在他們中間。」（《瑪竇福音》十八20）「你們彼此相愛，世人就可因此認出你們是我的門徒。」（《若望福音》

十三（34）

加爾默羅會是先知性的

先知意即見證人。厄里亞先知覺察到在他內的天主性生命，他的生命就是這生活天主的見證：「萬軍的上主永在，我侍立在祂面前。」（《列王紀上》十七1）「『我為天主的光榮而獻身』這訊息事實上已成為我們傳承的特質與靈修的態度，而且，先知性的精神即是加爾默羅會的精神，就是說，加爾默羅會毫不妥協地為天主的超性作見證。事實上，這就是『先知性』的真意。以最真實的意義來說，因為它代表與天主親密生活的卓越性，在此意義上，我們可以視聖厄里亞為我們的主保和模範。」（加爾默羅會士 Otilio Rodriguez 神父著《德蘭加爾默羅會的歷史》）

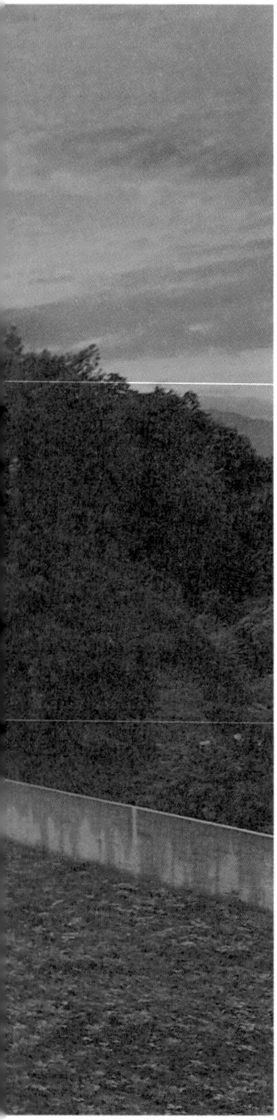

加爾默羅是個曠野，不是因為遠離世界，而是因為天主居住其內。

和天主相遇前，厄里亞必須先完全體驗到他軟弱與無助的深度，這是淨化過程的一部分。以我們的理智承認自己的軟弱是一回事，完全體驗到自己的軟弱又是另一回事。厄里亞是一個像我們一樣的人，正準備放棄。他在恐懼中躲藏起來向天主哀號：「上主啊！現在已經夠了！收去我的性命吧！我並不如我的祖先好。」（《列王紀上》十九4）

我們的軟弱把天主吸引過來，正如一個無助的嬰兒吸引了周圍所有大人的注意力。做父母的會奔赴最有需要的孩子。當我們明瞭自己的虛空時，我們才準備好承認我們需要天主，並被祂充滿。厄里亞在靜默與獨處中等待天主。「他進了一個山洞，在那裡過夜……烈火以後，有輕微細弱的風聲。厄里亞一聽見這聲音，即用外衣蒙住臉出來。」（《列王紀上》十九9－12）

在洗者若翰這個人身上，加爾默羅的精神，通過舊約進入新約。在舊約最後一部書《瑪拉基亞先知書》中記載著：「當知道，在我的日子來臨以前，我必派遣先知厄里亞到你們這裡來。」（《瑪拉基亞先知書》

三23）

當門徒問到這件事時，「耶穌回答說：『厄里亞的確要來，且要重整一切；但我告訴你們：厄里亞已經來了（加爾默羅會的精神），人們卻不認識他。』門徒這才明白祂所說的是指洗者若翰。」（《瑪竇福音》十七12－13）

「他（指洗者若翰）要以厄里亞的精神和能力，在祂前面先行，使為父的心轉向兒子，使悖逆者轉向義人的心意，為上主準備一個善良的百姓。」（《路加福音》一17）

洗者若翰在曠野中作一個隱士，活出了加爾默羅會的精神。在靜默和獨居中，他以苦行和祈禱，逐漸準備和基督相遇。正是精神上的準備，使若翰能認出基督，因為天主以平凡的方式來到我們中間。「若翰好比一盞點著而發亮的燈。」（《若望福音》五35）當其他群眾只看到一個像他們一樣的人時，我們藉著若翰的光，才能看出以人形來臨的天主。

「祂要以聖神與火洗你們。」（《瑪竇福音》三12）正如加爾默羅的精神，在基督之前，先來到洗者若翰身上，它也來到每一個靈魂上，幫助靈魂從內心準備主來臨的道路。藉著增強靈性的覺察力，加爾默羅精神幫助我們，在我們內、在其他人身上、並在我們的日常生活中，認出祂來。福音中所描述的這些人的行為，多少個世紀以來都在重覆著。人性古今皆相同。在人生不同階段，我們看自己像右盜或瑪麗德蓮般的罪人，像多默般的懷疑者，像伯多祿一樣否認基督，像宗徒們一樣恐懼和軟弱。但是，當我們在生活的默觀中坐在主的腳邊凝視時，我們也是堅強的宗徒，是悔改的罪婦瑪麗。我們和山園中的耶穌一起經歷無比的痛苦，多次在我們的重擔下跌倒，因而死於自我，在愛中和祂結合。經由這種神化的結合，我們被帶向生命的圓滿，以及我們神性潛能的實現——復活的喜樂與能力。就像火把它所觸及的一切焚化成它的本身，我們成為愛的活焰。

若翰做好內在的準備之後，領受了神婚的恩寵。「有新娘（人靈）的是新郎（基督）；新郎的朋友（若翰）侍立靜聽，一聽到新郎的聲音，就非常喜樂：我的喜樂已滿足了。」（《若望福音》三29）「我的愛人屬於我，

透過格窗，隱修女們參與禮儀，特別是彌撒，及與親友相聚。

我也屬於祂。」（《雅歌》二16）

加爾默羅會是祈禱的學校

「當你祈禱時，要進入你的內室，關上門向你在暗中之父祈禱。」（《瑪竇福音》六6）「你們住在我內，我也住在你們內。」（《若望福音》十五4）德蘭加爾默羅會的祈禱方式，是一種內在的共融，一種和「我們知道我們為祂所愛」的那位的親密的友誼。聖女大德蘭在《全德之路》中寫道：「我但願我會說明我們和我們的伴侶，萬聖之聖，彼此間的情誼是什麼模樣；當靈魂渴望進入自己內心的天堂，好和天主共聚，將全世界關閉在外時，她和淨配間共享不受干擾的獨居。」（《全德》29．4）

朋友們或熟識的人之間，常會有許多「喁喁細語」，但是兩個深深互愛的人，只要靜靜的守在一起，感覺到彼此的臨在就滿足了。不需要言語，因為沒有言語能表達。「靜默的愛導向愛的靜默。」（聖三麗沙 Elizabeth of the Trinity）

「我瞭解到教會有一顆心，而這顆心是燃燒著愛火的。我瞭解到只有愛促使教會的成員行動，如果愛消失了，那麼宗徒就不會宣講福音，殉道者就不會灑熱血了。我瞭解到愛涵蓋了所有的聖召，愛是一切，愛包含所有的時間和空間……綜括一句，愛就是永恆！於是，我欣喜若狂地高呼：啊！耶穌，吾愛……我終於找到我的聖召了……我的聖召就是愛！」（聖女小德蘭《回憶錄》）

精神世界不受地心引力所限制，更不受時間空間所限制。聖人像時光的旅人，乘著天主的恩寵的列車，穿越時間進入永恆，然後回來為那些追隨他們的人指出靈修的方向。如同我們世間的旅行，沒有兩個旅程是相同的。即使道路相同，路標無異，但是沿途的經驗為每個靈魂都是不同的。

知道我們教會的教導和傳承，以及加爾默羅會源遠流長的產業，讓我們走在正確的道路上，是令人安心的。因為天主常引導我們在「不知之雲」中走向祂，並且要求我們在信賴中邁出步伐走向祂。許多靈魂尋求更深的靈修，但是他們心中並不清楚天主是怎樣帶領他們的。這是終身的旅程，祂啟示祂的計劃，一次僅一步。如果我們學習「以我們的心聆聽」，就會逐漸明瞭天主對我們的旨意。在靜默中，懷著期望等待，我們試著去瞭解天主的計劃，而非使祂接受我們的計畫。「我只願我的心靈得享平靜與安寧，如幼兒在母親的懷抱中。」（《聖詠》一三一2）「我身雖睡，我心卻醒。」（《雅歌》五2）

有些人放棄了每天的默想，因為他們「在其中一無所獲」。真愛是給予而非獲得。我們如祂所願的，無條件地，把每天的時間作為禮物給予天主。「我實在告訴你們，這個窮寡婦比所有向銀庫投錢的人，投得更多，因為眾人都拿他們所餘的來投；但這寡婦卻由自己的不足中。把所有的一切，全部的生活費都投上了。」（《馬爾谷福音》十二43）

我們都很忙，我們的時間都很寶貴，對我們有價值的事是唯一值得獻給天主的，所以從「生活裡僅有的一點」中我們給予時間。我們不應把天主放在多餘的時間裡，像個嗜好一樣，而是必須重新安排我們的優先順序。

聖堂是隱院最神聖的地方，
但修女們不可進入，
因為屬於外界，
修女們在內界的經堂參與彌撒。

「重要的事情不是想得多，而是愛得多。」（《靈心城堡》[4] 4・1・7）

加爾默羅會是單純的

「我實在告訴你們，你們若不變成小孩一樣，你們決不能進天國。」（《瑪竇福音》十八3）小孩的接受性很大，他們不根據外表判斷。事實上是，他們不判斷。他們心靈自由不受財物拖累。他們不在意他們的形象，或給鄰人的印象。成人們為了節省時間，已經學會如何在同時做兩三件事，變得熟練於諸如一邊喝咖啡，一邊抽菸，一邊講電話，還一邊用一隻眼睛瞄電視。小孩子在一段時間中完全被一件事情所吸引，能夠完全活在當下。他們是自然的默觀者，可以花好幾個小時觀看浮雲飄過天空、變化形狀，或者觀看螞蟻搬運沙粒堆蟻丘。小孩不會擔心他們可能在「浪費時間」。

他們能享受單純的事情，對於萬物的美好有一種驚奇的感覺。就像作

4《聖女大德蘭的靈心城堡》，星火文化出版，以下簡稱《城堡》。

家們在書中反映他們的某些事情時，世界也反映它的造物主。亞西西的聖方濟（St.Francis of Assisi）在他的〈太陽歌〉中，覺得他和大自然一體，因為他和天主一體。聖十字若望（St. John of the Cross）感覺到天主的臨在圍繞著他，而受到感動：「我的愛人是綿綿的崇山峻嶺，孤寂的森林幽谷，奇異奧妙的海島，淙淙迴響的江河，撩情的微風呼嘯。寧靜的深夜於黎明初現之際，默默無聲的音樂，萬籟交響的獨居，舒暢深情的晚宴。」（〈靈歌〉）「聖十字若望的詩歌和神祕經驗，不僅獻給一個有位格的天主，也獻給祂的臨在，這種臨在是我們可以感受到的。這臨在使得整個為了人所創造的世界生氣蓬勃。」（Henry Bordeaux 著《艾笛·史坦》（*Edith Stein*）

小孩子的寶物是單純的，或是一片彩色的樹葉，或一顆可愛的石頭。孩子們會把他們最有價值的財產送給所愛的人。因為愛的本質就是給予。他們不在意他們所採擷的「只是野草」，而把金鳳花和蒲公英獻給疼愛他們的母親。

每位隱修女每年有十天的時間獨修。一位修女在獨修室朝拜聖體。

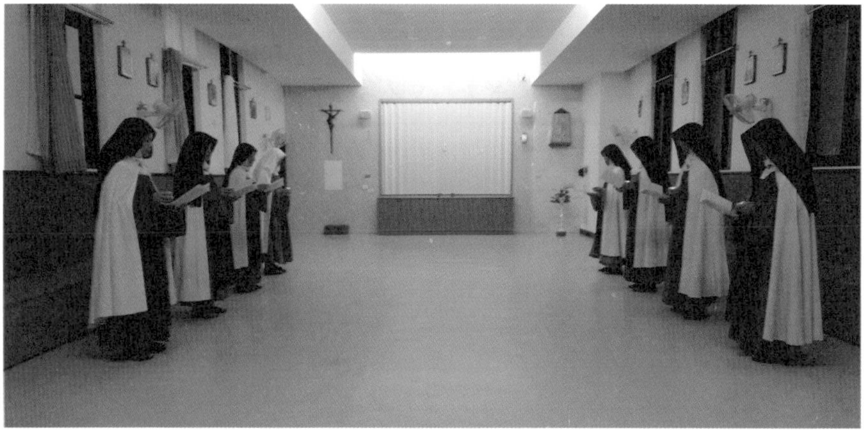

隱修女們一天七次聚在經堂祈禱。在加爾默羅會，祈禱如同呼吸。

「默禱不是想得多，而是愛得多。」——聖女大德蘭。

孩子們愛天主，不必為了合理的解釋而先對理智提出資訊。施恩樞機（Fulton J. Sheen）曾說我們以理智永遠不會到達天主那裡，因為我們的知識有限，但是愛，像天主一樣，是無限的。愛超越它本身；它凌駕一切，它是推動我們的心朝向天主的力量。一看到復活的主在岸上，伯多祿宗徒在愛的催迫下，跳進水中，迫不急待的要到祂那裡去。「心靈舉起翅膀，越來越勇敢的投向祂，腳也幾乎不著地的衝向祂。」耶穌會會士、詩人霍普金斯（Gerard Manley Hopkins）

有些人怕別人親近，怕被牽絆住。關心別人使我們脆弱，冒險使我們容易受傷。然而如同達味面對哥肋雅，我們必須充分地信賴，好使我們卸下自衛的盔甲。在一次加爾默羅會的會議中，安東尼・莫來羅神父（Fr. Anthony Morello OCD）在他的一個研討會當中告訴我們：「如果你不能和別人親近，你也不能和天主親近。」

聖人們能夠凸顯福音中的重點，因而使我們其他人注意到。聖女小德蘭強調「神嬰小道」，她像在她之前的大德蘭一樣提醒我們，天主不向我

們要求偉大的工作，只要求偉大的愛。「讓小孩子到我跟前來，因為天國正是屬於這樣的人。」（《瑪竇福音》十九14）

小孩子具有幽默感。幽默和謙遜的西文出於相同的字根。驕傲的人不會自我解嘲，無法對處境幽默。當我在新罕布夏州的彼得堡（Peterborough, N.H.）參加退省時，加爾默羅會士布蘭．亨尼根（Brain Hennigan OCD）告訴我們：「笑聲屬於那些自由的、不被制度或習俗所局限的人。殉道者是最大的幽默家與小丑。」「我們為了基督，成為愚妄的人。」（《格林多人前書》四10）「這今世的智慧，在天主前原是愚妄。」（《格林多人前書》三19）

在汲汲營營的世界中，我們需要某些才能，但是當我們像個充滿信任的孩子來到天主跟前時，要把一切放下，讓我們內在的小孩帶領我們走向天父。「牛犢和幼獅一同飼養，一個幼童即可帶領他們。」（《依撒意亞先知書》十一6）

修女們在經堂練唱聖歌。

加爾默羅會是愛

如果我們真心想改變世界，我們必須從自己開始，由內向外，最強的人是那已征服自己的人。加爾默羅會是一種生活方式，這種生活方式經由愛提高我們的靈性知覺，並擴大我們的心懷。天國意謂「擴展」。我們愛得越多，我們就越有能力去愛。耶穌留給我們的命令「你們應該彼此相愛，如同我愛了你們一樣。」（《若望福音》十五12）聽起來簡單容易，但是要付諸實行。就少了些什麼。這不是自私的愛，只在意得到什麼，或是別人是否值得我們去愛。天主愛我們是無條件的。我們必須讓天主無我的愛在我們內成長、發展，掌握並限制我們自我中心的態度。「祂應該興盛，我卻應該衰微。」（《若望福音》三30）「我生活已不是我生活，而是基督在我內生活。」（《迦拉達人書》二20）

如同洗者若翰以肉眼認出天主的神性，我們也開始在我們的兄弟姊妹身上看到祂——並依此而生活。「那不愛自己所看見的弟兄的，就不能愛

自己所看不見的天主。」（《若望壹書》四20）「我們必要相似祂。」（《若望壹書》三2）

我們越意識到我們屬於在我們內的天主，我們就越意識到祂在每一個人內。我們開始看穿「外表的包裝」，而看到內在真正的寶藏。我們經驗到全人類的一體性，都是天主的孩子，我們的父關心所有人的權利。加爾各答的德蕾莎姆姆（Mother Teresa of Calcutta）[5] 和她的修女們從印度的路旁救回病人和垂死者，因為她們看到隱藏在困苦的窮人身上的基督。「我實在告訴你們，凡你們對我這些最小弟兄中的一個所做的，就是對我做存的。」（《瑪竇福音》廿五40）

天堂內享見天主，不僅是為了我們自己的愉悅而注視天主，也分享天主的眼力，透過我們心愛主的眼，看到許多天主的獨特肖像，並如祂一般來愛他們。我們在天國的存在，從世上就已開始。「現世的生活是我們永生的童年階段。」（德國詩人歌德 Goethe）

正如許多舞會中在天花板上旋轉的多面鏡球，把單色的光源反射成繽

5 德蕾莎修女於本書英文版成書時仍在世，於 2017 年受封為聖人。

紛色彩，無數的人靈在歷史中反映出天主的偉大。如同一個大家庭的父親要等他所有的子女都回家才會滿意，我們的天父也是這樣。「我的寵兒，我鍾愛的驕子，我幾時恐嚇他，反倒更顧念他，對他我五內感動，不得不大施愛憐。」（《耶肋米亞先知書》卅一20）「這是你在天之父的旨意：連這些小子中的一個也不會失掉。」（《若望福音》六39）

愛是寬恕。耶穌教我們寬恕敵人，同時，我們也獲得益處。當人們心懷怨恨時，內心所鬱積的憤怒往往干擾自己更甚於對方，因為別人可能還不知道有問題存在。在操練棄絕時，首先應除去不友善的言辭，及把持不放、沒有愛德的想法和行為。「不是入於口的，使人汙穢。」（《瑪竇福音》十五11）當我們打算「報復別人」，或常批評、討論別人時，不僅會自我擾亂，也惹別人不安，而當時我們本該成為和平工具的。」「要寬厚，要仁慈，這樣你就會成為聖人。」（教宗若望廿三世）「跟我學吧！因為我是良善心謙的。」（《瑪竇福音》十一29）「當祂再次顯現時，將與罪過無關，而是要向那些期待祂的人施行救恩。」（《希伯來人書》九28）

全世界因可能有核武災難而不安。「當你們聽到戰爭和戰爭的風聲時，不要驚慌，因為這是必須發生的，但還不是結局。因為民族要起來攻擊民族，國家攻擊國家；到處要有地震，要有飢荒；但這只是苦痛的開始。」（《馬爾谷福音》十三7－8）「他捉住了那龍，那古蛇，就是魔鬼－撒旦，把牠捆起來，共一千年之久。」（《默示錄》廿2）

最後的戰爭是善惡的交戰。經由諸聖相通功，我們與諸聖共融，他們已經進入永生，正在分享天主性，並以天主大能且擁抱眾生的愛來愛我們。諸聖關心我們這些兄弟姊妹們，因為他們如同天主一樣愛我們。當我們學會讓天主的旨意在內心日益浮現，我們就是在開發這種能力、吸取這種能量。世上億萬人靈正在增長中的愛，以及無數在天主內神化之靈魂的成全之愛，互相聯合起來，形成一股無敵的力量。天主是愛，而愛征服一切。

「最後，我的無玷聖心要獲勝。」（法蒂瑪聖母的訊息）「我來是為把火投在地上，我是多麼切望它已經燃燒起來！」（《路加福音》十二49）光與愛穿透我們的靈魂並向世界照耀，把天主醫治的大能帶到人

嘉義大林聖若瑟隱修院聖堂大門上的彩繪玻璃，聖若瑟與小耶穌。

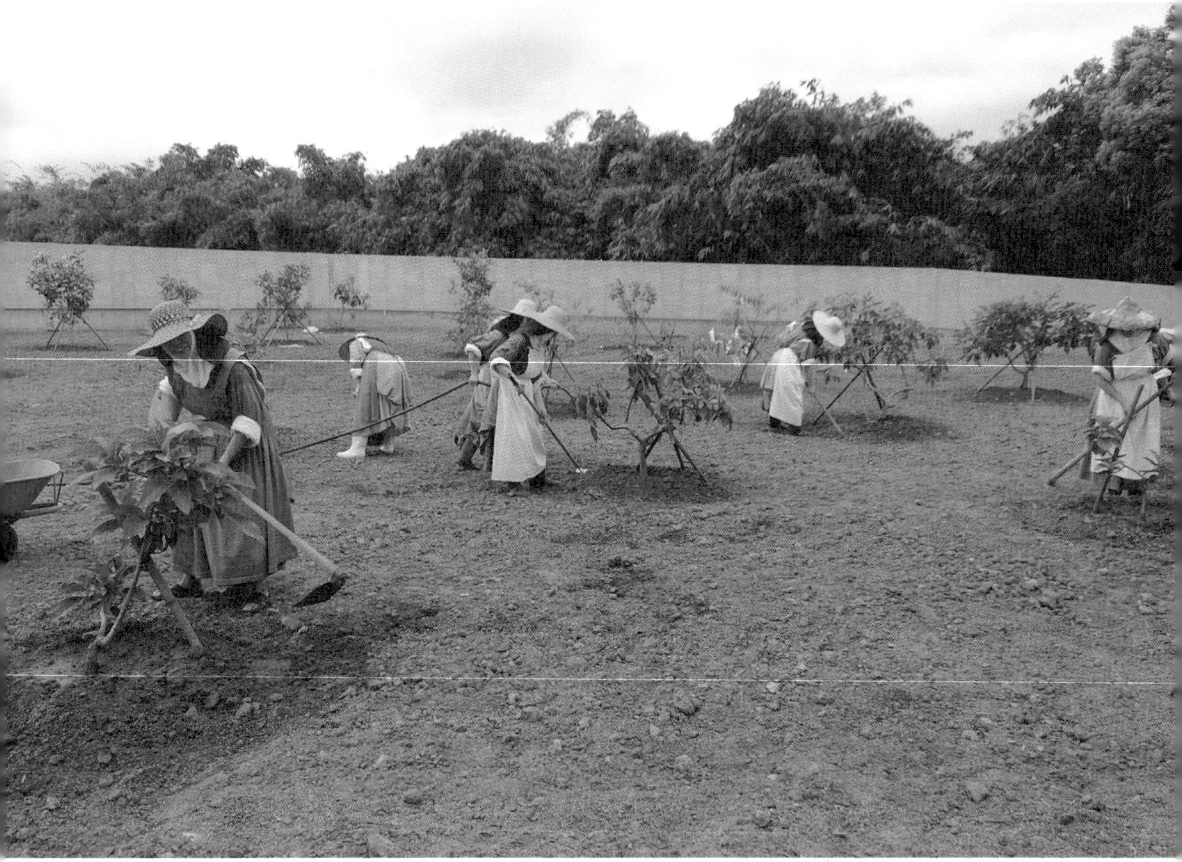

修女們用體力操作，
種菜、栽培果樹與花草，
與大自然接觸，
保持身心平衡。

許多人踏進隱院大門，
就感受到一股寧靜與平安，
因為這是天主的家。

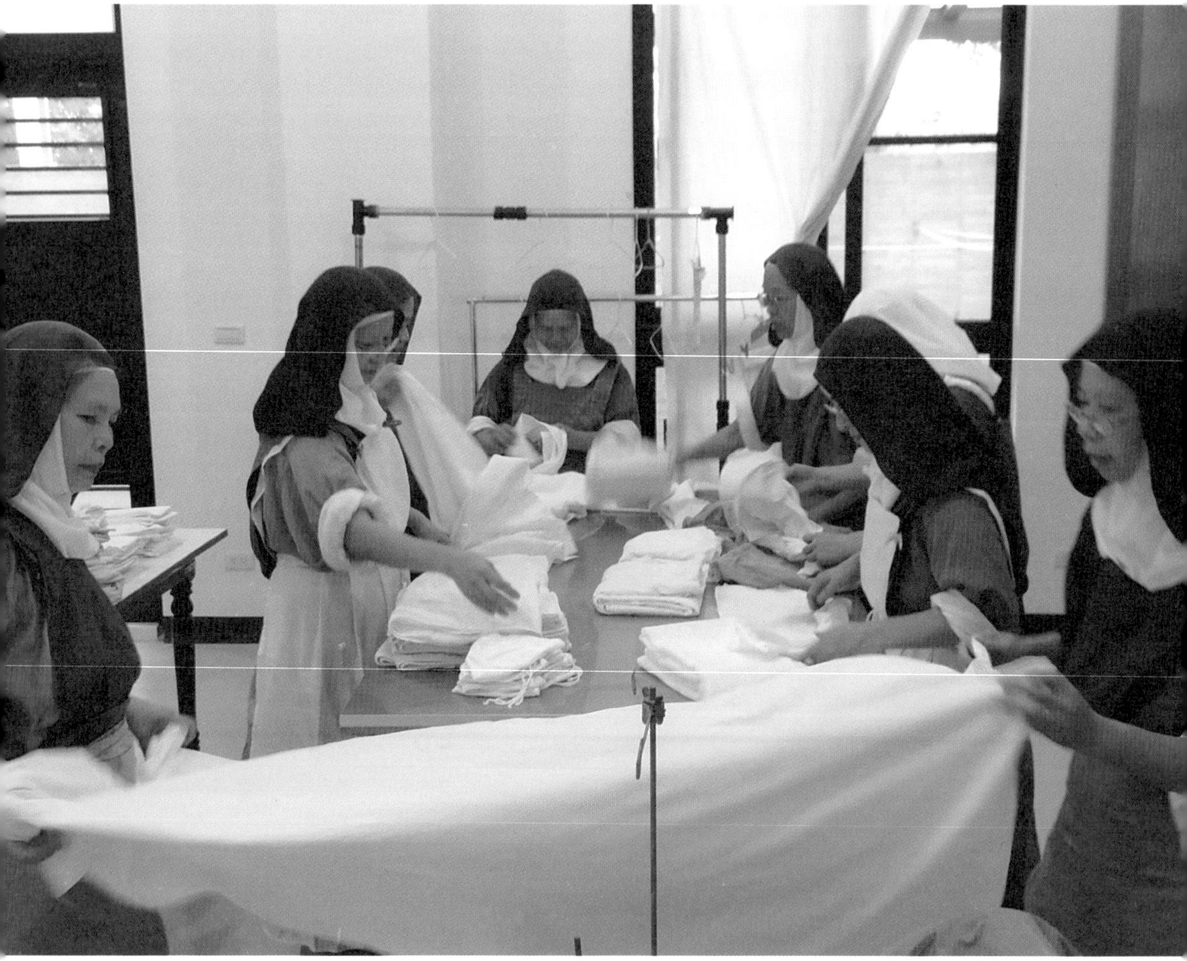

「在加爾默羅會內，洗衣服時，我們可以找到天主，如同祈禱時那樣豐富。」
——聖三麗莎。

間。「我要向全人類傾注我的神。」（《岳厄爾先知書》三1）

為使精神層面在物質世界運作，我們必須合作，天主尊重祂所賦予我們的自由。聖誕節時，做父親的會給孩子錢去購買給父母的禮物。孩子很高興能送東西來表達他的愛。父母親收到禮物很感動，根本不在意他們先給了孩子錢，但是如果孩子把錢留下來自己用，父母親就會不快樂。天主給了我們自由意志，是祂慷慨給的，不會收回去，那是對我們愛的表示。愛是意志的託付。「喔，我的修女們，這禮物〔意志〕何等有力！若能堅定心意，它甚至吸引全能者和卑賤的我們合而為一，將我們神化進入祂內，使造物主與祂的受造物相融結合。」（《全德》32・11）

天主等待瑪利亞同意做耶穌的母親。雖然她並不完全瞭解，但是她以信德跨出了第一步，並且以「爾旨承行」完全交出了自己的意志：「願照祢的話成就於我。」（《路加福音》一38）

當我們把自己的意志交付給祂時，祂就能把我們當作自己的工具來使用。我們在祂手中會更適用、更得心應手。「你們在我手中，就像泥土在

「當我的手拿著炒菜鍋時，並沒有神魂超拔。」聖三麗莎寫道：「但我很確信，祂就在我們中間。」

陶工手中一樣。」（《耶肋米亞先知書》十八6）「先知書上記載：眾人都要蒙天主的訓誨。」（《若望福音》六45）

「你們要在曠野中預備上主的道路，在荒原中為我們的天主修平一條大路，上主的光榮要顯示出來，凡有血肉的都會看見。」（《依撒意亞先知書》四十3，5）「我看見那新耶路撒冷聖城，從天上，由天主那裡降下，就如一位裝飾好迎接自己丈夫的新娘。」（《默示錄》廿一2）

這新耶路撒冷不是地理上的位置，而是一個精神的國度，一種存在的狀態，每一個人靈都是基督的新娘。「現在你的造物主要成為你的夫君。」（《依撒意亞先知書》五四5）「就如青年怎樣迎娶處女，你的建造者也要這樣娶你；新郎怎樣喜愛新娘，你的天主也要怎樣喜愛你。」（《依撒意亞先知書》六二5）

這新耶路撒冷是每一位個別的人靈，也是全教會和人類。「將從天上，由天主那裡降下的耶路撒冷聖城，具有天主的光榮，閃爍好似極貴重的寶石，像水晶那麼明亮的蒼玉⋯城牆的基石，是用各種寶石裝飾的。」（《默示錄》廿一10，11，19）

如同每一隻螞蟻搬運小沙粒，我們也都有各種顏色和光澤的寶石可以貢獻出來。大德蘭在她的《靈心城堡》中寫道：「我們可以把靈魂看作一座完全由寶石或明亮的水晶所築成的城堡，其中有許多房間，如同在天堂有許多住所一樣。」（《城堡》1・1・1[6]）「就我所知，進入這城堡的門是祈禱和反省。」（《城堡》1・1・7）

6 第一個阿拉伯數字 1 表示第一重居所，第二個 1 表示第一重居所第一章，第三個 1 表示該章第一節。

「妳看到這座城沒有？在此天主居住在人們中間。祂要和他們住在一起；他們要作祂的人民，祂要作他們的天主。祂的名字是『天主與他們同在』。祂要拭去他們臉上的一切淚痕；再也沒有死亡，再也沒有哀號，沒有悲傷，因為世上的一切都已過去。」（《默示錄》廿一3－4）「我看見了一個新天新地。」（《默示錄》廿一1）

願祢的國來臨，願祢的旨意奉行！

禁地內中庭花園。其實整個加爾默羅就是花園，聖女小德蘭自認是天主花園中的一朵花。

重點討論

①「內居」（Indwelling）是什麼意思？
② 為什麼耶穌行奇蹟之前要求人先做某些努力？
③ 你知道各修會有什麼樣的特恩嗎？
道明會、方濟會、耶穌會各有什麼特恩？
④ 為什麼曠野的比喻是有幫助的？
⑤ 什麼是加爾默羅會的先知特性？
⑥ 什麼是德蘭加爾默羅會祈禱的主要特性？
⑦ 為什麼孩子般的單純適合加爾默羅會士？
⑧ 如果你捨棄了所有的朋友，你會更愛天主嗎？
⑨ 把我的意志獻給天主會產生什樣的效果？

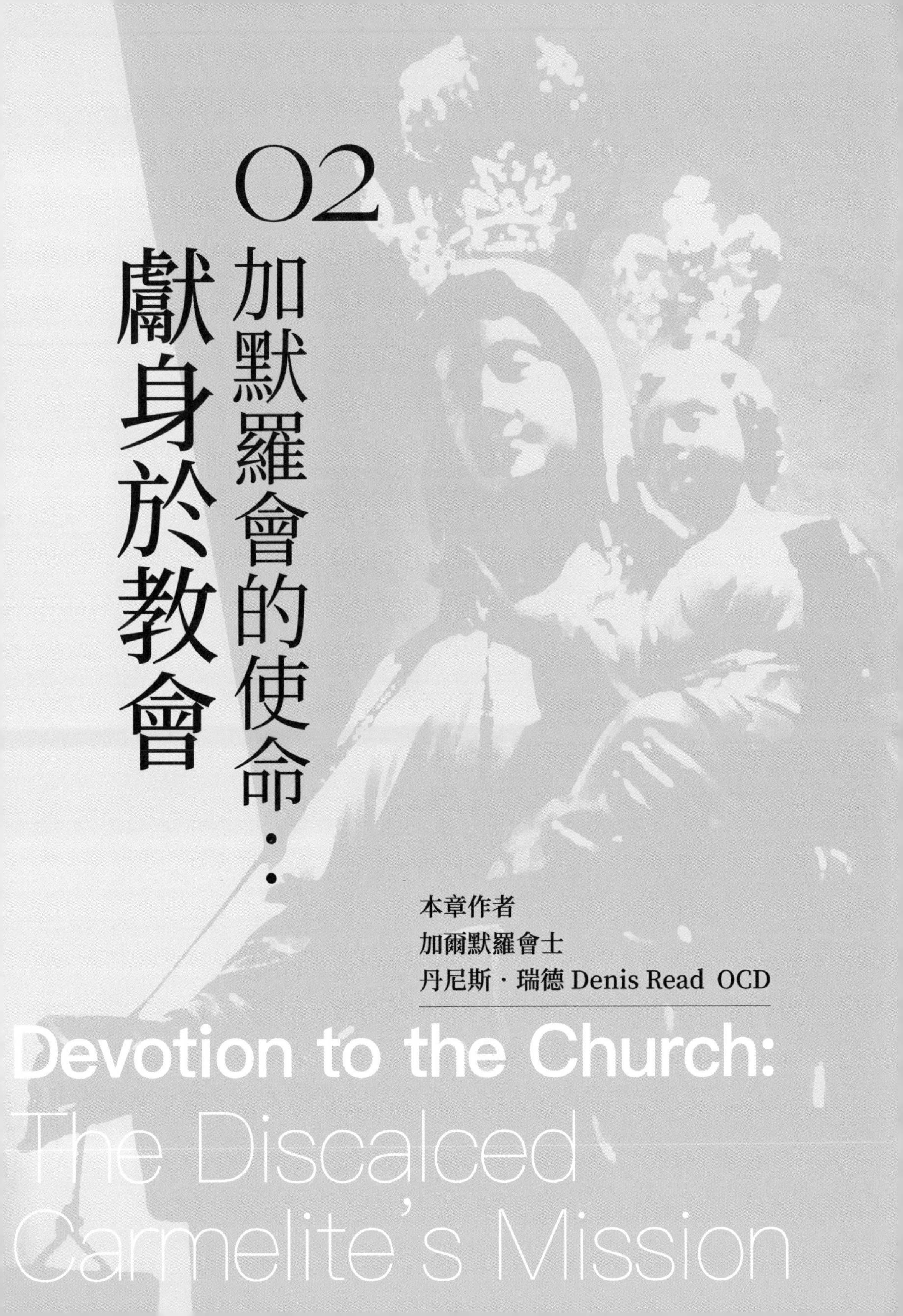

02

加默羅會的使命：獻身於教會

本章作者
加爾默羅會士
丹尼斯．瑞德 Denis Read OCD

Devotion to the Church: The Discalced Carmelite's Mission

聖女大德蘭臨終時說：「我是教會的女兒。」梵蒂岡第二屆大公會議[1]以新的方式來定義教會，教導我們「教會是一個在父及子及聖神的統一之下，集合起來的民族。」因此加爾默羅會對教會的奉獻，需要在這新教導之光的指引下重新思考。這可在梵二大公會議中的主要文獻《教會憲章》（第一號：教會乃世界之光）中找到。

我們可先從《若望福音》中，耶穌有關教會的性質與生命的教導，深入瞭解教會的意義。聖若望在其福音的十三章至廿一章告訴我們，教會如何在主的逾越奧蹟中誕生的。我們的祈禱生活及對天主的認識（《若望福音》十七3）是我們在逾越奧蹟中的成長。十三章，是最後晚餐後基督對門徒的服務與教誨的故事。十四章介紹聖神，新護慰者的教理。十五章，耶穌以葡萄樹及其枝條的比喻，說明何種生活、愛和友誼才是祂的門徒作為天主新子民的獨特標記。十六章，對耶穌離世後，聖神作為教會成員與全世界的領導者和見證者的角色，有更充分的了解。十七章是耶穌為教會合一所做的大司祭的祈禱。十八、十九章是祂最後「時刻」的故事，那時

1 以下簡稱梵二大公會議。

祂以祂的聖血建立了教會，那血為我們而流，為拯救我們所有的人脫離邪惡、魔鬼及分裂的勢力，脫離像比拉多和猶太大司祭這類人的掌控。二十章，是敘述耶穌復活，在光榮中以聖神的力量回來，赦免罪惡，恢復信德和望德，並告訴全世界：「那些沒有看見而信的是有福的」——基督最後的祝福。廿一章則是附錄，談論到若望死後教會的領導人。讓我們來看看教會關於這一教誨的重點。

在耶穌逾越奧蹟內的教會

耶穌把自己和祂的教會團體視為同一（《若望福音》十五1－6）。教會各團體之所以存在，乃出自逾越奧蹟：在聖洗中，凡在祂的奧蹟中受洗的要得永生。祂給教會最大的恩賜是聖神住在教會內，虔誠忠信的門徒將獲享耶穌臨在的親密體悟，並在面見天主中享有圓滿的結合。門徒最主要的職責就是效法基督去愛，也就是服從天父，至死不渝。門徒以彼此相愛，及吸引他人進入此愛，來「結果實」（《若望福音》十五7－25）。為基督而受迫害，就是分享祂的苦難及神祕知識。「隨著最純潔的受苦而來的，是最純潔的領悟。」（聖十字若望）

耶穌的信德匯聚了溫馨的摯愛、忠誠的正義、謙遜的服務以及對天父之愛的默觀洞見，這愛比一切形之於外的都深奧。

耶穌基督的愛是做門徒的原動力

護衛者與我們同在，所以祂能援助我們。（《若望福音》十四15－18，26；十五26－十六33）。耶穌的聖神是默觀祈禱和團體關係的聖神，的確，聖神是聖父與聖子之間的存在的關係。（聖道茂 St. Thomas Aquinas[2]）祂是我們和基督以及彼此間的聯繫。因此，凡論及聖神的事，也就是論及基督。耶穌升天後，聖神是門徒的一切，正如以前耶穌是他們的一切。當教會內部騷動不安時，聖神是嚮導，如同在聖女大德蘭那個時代，聖神指

2 或譯多瑪斯・阿奎那。

修女們散心邊做勞作。

「靜默是天主賜與我們的力量，成為進入天主無限的道路。」一位在隱院生活七十多年的修女說。

聖若瑟隱院菜園裡盛放的百合花。

引我們，我們的時代也是如此。

當教會有外來的迫害時，聖神的行動為以下的事情作見證：① 藉著受迫害的基督徒，見證耶穌宣揚的正義（如斯德望，給掃祿作的見證）、世俗的不義；② 不信者的罪過，在《若望福音》中這是最大的罪；③正義的勝利，基督對世界的審判，戰勝此世的王國；④ 天主正義的力量比死亡更強勢，比地獄還堅固，具有一種合一的連繫，湧自聖父與聖子之間堅強的合一。（《若望福音》十七）當我們探索基督教導的更深意義時，聖神也引導教會。

耶穌的祈禱（《若望福音》十七），是為教會祈禱、和教會一起祈禱、以及在教會內祈禱的典範。「此乃最卓絕的祈禱，深奧的感受，蘊含其內的奧祕與大能卻遠勝於人……這祈禱把時間提升到永恆，因為是那位被高舉、吸引眾人歸向祂、且使之與父結合的耶穌的祈禱。這是從天主降生成人的這顆心中湧出的祈禱。」（《旅途》三三卷22頁）

隱院聖堂，常有光從天來訪。

不像〈天主經〉，這個祈禱存留於今世終結之前的時間內。在《若望福音》中，末世已臨現在基督的逾越奧蹟內。這個祈禱是有效力的，因為基督經常得蒙俯聽；這是對教會的合一、愛與兄弟情誼的承諾；是勸告我們，無論蒙召為使徒、祈禱者或是基督徒合一的宗徒，都要忠於我們的聖召。

《若望福音》十七章中，耶穌不但為自己祈禱（《若望福音》十七1－8），在晚餐廳中也為門徒們祈禱（《若望福音》十七9－19），並且為我們以及未來世世代代的門徒祈禱（《若望福音》十七20－26）。

大德蘭對教會傳統的教義，又增添了些什麼呢？她接受教會的傳統，有如忠實的「教會女兒」，並為她的兒子和女兒們尋求熱切投身於教會內、外在的使命。對於內在的使命，她在《全德之路》一書中提到，「若你們的祈禱、守齋及克苦不是為了廣揚聖教，特別是為聖化司鐸、神學家及教會首領，要知道，你們並沒有滿全天主恩賜你來到加爾默羅會的聖召。」

在《靈心城堡》一書中說，天主對於祂所領導深入祈禱生活的人要求什麼呢？「我的女兒們，就是工作，結合瑪爾大的工作和瑪利亞的祈禱，結合行動和默觀的生活。」這就是我們祈禱的目標，也是傳布教會的恩寵。

聖若瑟隱院的圍牆與外觀。

修女們在愛德中團結，真誠地修成全的德行。

一朵「不知之雲」，飄過隱院。

這對加爾默羅在俗成員具有什麼意義？

在我看來，因為你們大部分成員是已婚夫婦，同時我們都是加爾默羅團體的成員，這團體具有一種家庭精神的特色，因此我們必須明白，我們的家是個小教會，是基督奧體的基本單位。教會和我們的家庭一樣強而有力。大德蘭很堅持一件事，就是關懷的精神，治癒家人及教會的所有創傷，當今我們應該盡力復興這個精神。

務實是大德蘭學說中的一個特質。實際地獻身於教會，在於每個人尊重自己在教會內的地位：丈夫是家庭的頭，妻子是家庭的心；孩子是家中父母深愛的，但也是服從父母的孩子，如同大德蘭是慈母教會所深愛的，同時也是服從慈母教會的孩子。馬丁路德的改革中反對信任教會的權威，但大德蘭所提倡的卻是信任教會的權威，這種信任是她和十字若望所教導的指引明燈。

我想我們也要為教會作一個外在的見證，就是我們尊重教宗、主教及有適當授權的神父和神職人員的權威。在一個關懷、真愛及治療的團體中，適當地服從教會，極有助於治癒當今教會的分歧。

紐曼樞機主教（Cardinal John Henry Newman）過去常說，平信徒往往是測量教會活力的尺度；作為在俗加爾默羅會成員，為使地方教會合一，你們能做的可能比很多神父修女更多，特別在樹立兄弟互愛的榜樣上。「假使你的弟兄得罪你，你就去見他，指出他的錯誤，但要保持在你們兩個人中間。假使他聽了你的勸告，你便贏得了你的弟兄。」（《瑪竇福音》十八15）當今有太多的改革家，卻沒有足夠的和談專家；教會內太多的閒言閒語，卻缺乏可信的朋友。基督徒的手足之情，就像在耶穌的時代一樣，是在我們兄弟姊妹間表達天主之愛唯一最好的證據。

倘若聖女大德蘭是今日的加爾默羅會士，她會怎麼做？

我常問自己這個問題。我的答案雖然只是我個人的見解，但給你們作為啟發思維的參考：

一、我想她會樂見美國的天主子民具有徹底的美國靈修，就如同她發展了適合她時代的西班牙文化靈修，兼具實際與奧祕、祈禱與行動；她會保持謙虛，但卻不屈不撓的忠於加爾默羅會。

二、我想她會全心全意投入今日修會在教會內的使命。總會長就曾以同樣的心情寫牧靈信給修士們。我相信治癒無神論的方法就是默觀，把默觀深入、實際、徹底地應用於整個人類之中。把握天主的真實本體，並非靠教導，也不是靠那些高談天主聖言的人，而是有賴於度天主內在生命的男男女女。大德蘭說：「言教不如身教。」讓我們追隨她的引導，指引出生活的天主的真實本體，以充滿愛與友誼的生活，顯示天主的臨在給等待著的世界；而這樣的生活，只有靠與天父結合的深奧心神，才能活得出來。

三、她會為你們家的小教會，扮演善牧的角色，協助你所屬地方教會的牧靈工作，意思是說她會關懷我們的同胞，治癒他們神形的病痛；疼愛他們，他們中的許多人需要特別的疼愛，尤其是你們的家人。

此外，她還要保護我們的同胞，當今謊言猖獗，分裂頻仍，弟兄之間積怨、反對及互控，謊言之父和控訴弟兄者（魔鬼）大行其道。她要保護我們，免於落入這些陰險的陷阱以及不時的精神傷害中。

重點討論

① 大德蘭臨終時說什麼？

② 在《教會憲章》中，你對於教會的瞭解是什麼？

③ 聖神在耶穌去世和復活之前所扮演的角色是什麼？

④ 聖神在今日所扮演的是什麼角色？

⑤ 教會內在的使命是什麼？

⑥ 大德蘭在《靈心城堡》中寫到，天主對於祂所領導深入祈禱生活的人要求什麼呢？

⑦ 為什麼信任教會權威是「大德蘭和聖十字若望所教導的指引明燈」？

⑧ 請舉幾個實例說明大德蘭的務實性。

⑨ 為什麼「身教重於言教」？如何運用在我們的祈禱生活上？

03 聖女大德蘭的神恩

本章作者
加爾默羅會士
麥克・格利芬
Michael D. Griffin OCD

The Teresian Charism

昨天正好人問我：「你說『大德蘭的神恩』，是什麼意思？」若有人正在思考加入加爾默羅在俗會的可能性，疑惑本會的聖召有什麼目的，其目標是什麼，這正是他會問的問題。這也是很合乎邏輯的問題，梵蒂岡第二屆大公會議清楚地告訴我們：所有基督徒都蒙召度修成全的愛德，並度成全的基督徒生活。果真如此，一個人可以渴望什麼？

聖女耶穌德蘭是加爾默羅會的創始者，在談何謂她的神恩之前，先要釐清下述幾點：

一、以聖經的話來說，神恩（charism）是聖神為建立基督的奧體——教會，所賜下特殊恩惠。因此，當我們想到聖女大德蘭的神恩時，不是想到聖女大德蘭性格的顯著魅力及活潑爽朗，使她對人們那麼有吸引力。這是她人格的本質，很少人在這方面蒙受比她更多的祝福。相反地，當我們使用「聖女大德蘭神恩」一語時，我們指天主為了加爾默羅會的益處，尤其是為了教會的益處，賜給大德蘭的特殊恩惠與祝福。

二、特殊的使命與聖召：天主召喚大德蘭響應特殊的聖召與使命，為了更加光榮祂，為了救贖人靈，為了教會的益處，而度默觀祈禱的生活。她常說她要以一種生活方式度福音化的生活，就是她的修會要與基督更親近，並且在各方面效法祂，尤其是效法祂與天父結合的祈禱生活。

梵二大公會議告訴我們：每一個修會「首要的誡命」，就是要度完整的福音化生活。但也承認，教會中每一個修會家庭，因其所欲效法基督生活的某種特色而有所不同。沒有一個修會或個人能夠完全效法基督奧蹟的所有特色。因此，方濟會士一心努力效法貧窮的基督；道明會士特別愛慕宣道的基督。那麼加爾默羅會從何處著手呢？我們努力更圓滿地活出基督生活的那一面呢？追隨聖神所賜給聖女耶穌德蘭的特恩，加爾默羅會士受到吸引去親近及效法福音中祈禱的基督。此乃我們在教會中的特殊使命與聖召。

三、要更明確，並且更仔細地描繪聖女大德蘭的神恩，加爾默羅在俗會成員的《生活規章》是清楚且有幫助的。《生活規章》提醒成員，聖女大德蘭的神恩是由於修會生活的理想，及賦予修會的特殊恩寵所組成，這些具體表現在修會的靈修祖產中。因為成員必須活出大德蘭的神恩，以下這幾點都很重要的。

詳細說明每一點如下：

修會的理想

加爾默羅山童貞聖母赤足隱修會是基督奧體的一部分。選擇榮福童貞聖母瑪利亞為修會的母親與主保，加爾默羅會士把整個生命託付於她的保護之下。我們以她內在生活的奧祕，以及她與基督的結合，作為我們內在聖化的理想。

除了榮福聖童貞，我們也尊敬聖若瑟，他是專心服務基督、瑪利亞與教會的典範，也是聖女大德蘭推薦給我們的「祈禱大師」。

同樣的，我們也推崇可敬的聖經人物厄里亞先知，他默觀「生活的天主」並為祂的光榮熱心如焚。厄里亞先知住在加爾默羅山，是加爾默羅修會的啟發者，因為他為「生活的天主」之親臨和大能而生活並作證。《生活規章》以這段話總結一切說：「修會的成員努力共度手足共融的福音生活，這種生活深受默觀祈禱精神的影響，效法榮福童貞瑪利亞，並按加爾默羅會諸聖的榜樣與教誨而充滿使徒的熱忱。」

修會的恩寵

每個修會都是聖神給教會的恩賜，每個修會都試圖活出某種福音的特質。當我們細思聖女大德蘭天賦的恩寵時，就會對加爾默羅會的聖召獲得更充分的瞭解。她的生活和靈修經驗是天主授予的，因而成為我們的老師與生活的模範。大德蘭重整加爾默羅會的生活方向，使其走向祈禱以及忠於福音的精神而默觀神性事物。面對當時的教會與神職人員所受的傷害，以及對教會合一的破壞，大德蘭深感不安，決定奉獻整個生命領導修會完全獻身於光榮天主與教會的益處，特別為那些教會的益處工作的司鐸和神學家。

聖女大德蘭得到聖十字若望的幫助，他以自己的生活、成就與學說清晰表達出加爾默羅會的精神。他們兩位已正式被宣封為普世教會的聖師，證明默觀聖召是最普世性的，並對教會非常有益（教宗碧岳十一世）。此外，教會還因另外兩位列品聖人，佛羅倫斯的德蘭．麗達和里修的德蘭（小德蘭，即里修的德蘭，就是大家所熟知的「小白花」）而蒙祝福。

修會目前有三千五百位男會士，一萬位修女，五萬三千位在俗成員（譯者註：這是一九九〇年時的情形）。這顯示出加爾默羅會的生活不僅適於男會士、度默觀隱居的修女，在世俗中以加爾默羅精神生活的平信徒亦然。

加爾默羅會的精神祖產

本會的精神祖產源自聖女大德蘭，以及在她之前的修會生活傳承。那是聖女大德蘭鮮活的神恩，主要珍藏在她的生活和著作中，也在聖十字若望的生活及其有關神秘經驗的著作中，予以奧妙詮釋。二十世紀本會又有兩位因宣聖而登上了祭台（譯者註：本書出版之後又有數位宣封為聖人及真福），其中之一的聖德蘭．麗達，她的生命和基督一起隱藏在天主內，是大德蘭神恩的完美反映。另一位更有名的是耶穌聖嬰聖容德蘭，她的自傳《靈心小史》已經幫助了千千萬萬的人（譯者註：聖女小德蘭已於一九九七年獲封為教會聖師）。

修會最寶貴的恩賜之一就是極佳的聖善傳承，這些傳承珍藏在該會聖人的靈修著作中。既然這些傳承已得到教會的認可並經過時間的考驗，我們知道跟隨它們是安全的，它們要領導我們達到基督徒的全德。

我們生活的要素

所有的修道人都必須「忠於耶穌基督」並跟隨祂的腳步。聖女大德蘭常告訴我們：因為基督在世上有許多敵人，朋友卻很少，所以，至少我們當中度這種生活的人，要努力作祂忠誠又真實的朋友，這是我們生活的中心。我們是為尊敬聖母瑪利亞創立的修會，我們都知道，她是最完美的追隨基督者，她愛基督到最完美的地步，接受並活出基督的教導，無人能出其右。

我們致力於與天主結合的方法，就是藉著祈禱和培育默觀，兩者密切關聯的一種生活方式。因著我們的聖召，我們蒙召修行祈禱，這樣的祈禱引領我們把孝愛天主及與天主的友誼交談視為一種生活方式，而非只看作拘泥於形式的默想時間。我們努力向世界見證卓越的福音價值，特別是祈禱的價值，正如基督所教導的。聖女大德蘭不僅愛基督談論祈禱的話，更愛親近的陪伴祈禱的基督。基督蒙難前，在山園中單獨向天父的祈禱，是她最愛的一幕情景。

今日的德蘭在俗會

到此為止，我都儘量以修會的法規，尤其是在俗成員的《生活規章》為基礎，向你們解釋加爾默羅會的生活。你們會說，這一切都很好，但我的問題是：加入這樣的一個加爾默羅在俗會有什麼價值？這個團體能為我作什麼？對於改善我的生活有什麼幫助嗎？

唯有當人蒙受天主的祝福，得到聖召的，才會被召叫成為一個修會的在俗成員。我們在《若望福音》中讀到「不是你們揀選了我，而是我揀選了你們。」這少少幾個字告訴我們真正的靈修聖召是什麼——它是「天主的恩賜」。如果天主召叫了你，祂會給你度聖召生活所需的一切恩寵及幫助。

一個人若有真正的聖召，在發許諾願作終身承諾以前，必須經過幾年的考驗，按照福音的全德去生活。而加爾默羅修會在俗團體的好處之一，是成員有一份經過修會最高權威與聖座批准的固定《生活規章》。這是為保證《生活規章》（以下簡稱「會規」）充分反映出聖女大德蘭的傳統與神恩，並能引導成員達到教會所期待的，達到圓滿的加爾默羅山聖母兒女的生活。

在俗成員不穿特別的服裝，但都要佩帶加爾默羅山聖母的聖衣。要特別一提的是，聖衣是一種標記：是把我們自己奉獻給聖母，並努力在日常生中，為了教會的益處，反映她的美德。

會規也能確保成員度規律的生活，並且忠於修會的精神。今日有許多人願意度靈修生活，但是他們常常不知道如何規律地安排他們的生活。會規幫助我們建立一個目標不變的環境及有紀律、有秩序的生活。會規避免沒有恆心與隨興所至，並且幫助我們專注於祈禱中與主結合的目標。會規也幫助成員「帶給世界加爾默羅會士的獨特見證，成為一位在今世代表天主及其聖德的人，誓願為擴展天國而度每天祈禱的生活。」

在當前令人憂心的世界中，能夠和那些具有相同信仰、深信與天主結合至為重要、及默觀祈禱生活格外卓越的人聚在一起是一種祝福。修會的力量之一，就是具有相同理想的人能聚在一起互相支持。

成為加爾默羅會成員的最大特恩之一，就是知道我們屬於一個已被天主高舉的在俗會、強調生活中祈禱的基督，並且努力活出基督生命的奧祕。不必費太多的想像，就可以回想邪惡的勢力正摧殘著世界，同時，也可以想想，如果人們願意每天花時間默觀基督的生活，努力讓祂的光和愛來轉化，世界就會有所改善。

在俗會的成員因知道屬於一個普世性的團體會而受到鼓舞，他們在各國正為改善這個世界，並把福音的光與愛帶給世界而奮鬥，同時，知道在俗會的其他的成員每天都為我們傾心於天主，也是很大的確信之源。

全心祈禱

如果一個默觀的人要加入加爾默羅會，重要是仔細衡量你將接受什麼及在俗會期望你給予什麼。我已經概述了你所將接受的好處。現在我要強調你必須準備去做的：

把你的生命交給天主

你可能會疑惑，這是否會使你離開你的家庭，你所愛的人，你要改善世界所作的努力……不會的，這聖召一點也不會造成妨礙，因為這是天主對在俗聖召者所要求的，按照會規生活只會增強你善盡責任的力量。我們所聽到的是：「我們決心努力使生活符合神恩的挑戰，當自我中心與自私自利逐漸消滅時，將帶給我們天主子女的自由，這自由可在圓滿的愛內找到。」

有一則打高爾夫球者的古老諺語，在揮桿時可以聽到：「沒有膽量，那有光榮！」[1] 當基督要求我們棄絕自己，每天背起自己的十字架來跟隨祂時，以不同方式採用這句話，且這是領導我們走向天主光榮的道路。

修會所期望於我們的是去生活、去愛。真正的愛不計較代價，因此當長上期望我們為其他成員的益處、為修會使命的益處、為教會的需要而祈禱時，就是期望我們為這一切意向全心祈禱。熙篤會士多瑪斯．牟敦（Thomas Merton）[2] 最後一個關於祈禱的道理是在印度講的，在那裡他告訴他的聽眾，除非一個人祈禱好像他正陷於困境，或是他的生命全憑這次祈禱，或是因害怕慘遭滅頂……他永遠不會懂得祈禱真正是什麼。如果你

1 英文寫做 No Balls no Glory. 或是 No guts no Glory.
2 生於 1915 年，1968 年逝世。二十世紀靈修大師，著有《七重山》等。

這樣為那些意向祈禱，那麼無疑地，你的加爾默羅會生活將是真正有價值，而且是光榮的。

最後的一點

身為加爾默羅會弗狄瑞分會的在俗成員，在祈禱中我們不僅要向聖母瑪利亞祈禱，也要偕同她一起祈禱。道明會士弗狄瑞克．傑里神父（Fr. Frederick Jelly），在一次美國天主教聖母協會的會議中指出，聖經最初並沒有強調向天主之母和諸聖求恩。聖經鼓勵這點，沒有錯，但是聖經最強調的是，偕同聖母瑪利亞和諸聖向天主祈禱。你可曾注意到在彌撒中，我們知道我們因聖神的德能在基督內合而為一，偕同天主之母瑪利亞、她的淨配聖若瑟以及全體天使和聖人向天主祈禱，這告訴我們，在修會內的祈禱是多麼美，多麼有力量！我們向來知道她是加爾默羅會的母親與皇后，我們知道當我們如此祈禱並效法她而生活時，我們是在實踐她在福音中的命令：「祂無論吩咐你們什麼，你們就做什麼。」當僕人按照瑪利亞所說的去做後，耶穌就把水變成了酒。當我們偕同她祈禱，安排我們的生活，具有像她的生活一般的力與美時，我們知道基督會在我們和我們家人的生活中增加祂的恩寵和祝福，我們也會成為幫助今日教會和世界的工具。

我認為整個德蘭神恩，在入陶成期的禮儀的字句中，美妙地呈現了出來了：在那兒我們讀到：「你們接受加爾默羅在俗會的理想，這理想建立在會母亞味拉聖德蘭和會父聖十字若望的神恩及教導上。這兩位聖人都珍視對天主之愛的深深意識、忠於默觀祈禱、超脫的精神，以及慷慨實踐手足之愛和使徒工作。」

大德蘭知道，如果我們依此安排生活，我們將為了整個教會和全人類的益處，完美的追隨基督，並效法修會的母親聖母馬利亞而生活。

重點討論

①什麼是「神恩」(charism)？
②什麼是每一個修會「首要的誡命」？為什麼？
③基督生活的哪一方面是加爾默羅會士極為充分地活出來的？有些什麼方法我們是可嘗試的？
④什麼是修會的理想？
⑤有那些聖人是特別屬於我們的？
⑥什麼是賦予大德蘭，又經由她賦予我們的主要恩寵？
⑦什麼是加爾默羅在俗成員生活的要素？
⑧什麼是聖召？
⑨為什麼我必須佩戴聖衣？為什麼我不能穿真正的修會會衣？
⑩在入陶成期的禮儀中，關於加爾默羅會的精神說了些什麼？

04

聖女大德蘭與祈禱生活的聖召

本章作者
加爾默羅會士
麥克·格利芬
Michael D. Griffin OCD

St. Teresa and the Vocation to a Life of Prayer

祈禱是加爾默羅會聖召的中心。人們一想到加爾默羅會，首先就會想到這是一個為了教會的益處而獻身祈禱和補贖的修會。

祈禱是加爾默羅會聖召的基礎和要素，因為聖女大德蘭是這樣教導我們的。教宗保祿六世說大德蘭是「一位歷史久遠且卓越修會的改革者與創立者，一位具有偉大天分並成果豐碩的作家，一位靈修生活的老師，一位無與倫比，活力無窮的默觀祈禱者。」

當教宗保祿六世授予，或更好說，如他親自宣布的，「宣封聖女耶穌德蘭為教會的聖師」，他清楚地逐字道出，她作為一位聖人以及導師的奧祕。這位偉大的教宗宣封她為普世教會聖師時說的話，我認為非常重要，所以，我想把這些話完全引述一遍，如此你們就可以看出聖女大德蘭作為一位祈禱方法導師的角色。以下是教宗所說的話：

「德蘭的學說講述這些祕訣，亦即祈禱的祕訣。這是她的學說。她具有從經驗中獲知這些祕訣的恩寵和優點。其經驗就是過一種獻身於默觀同時投入行動的聖善生活。此乃處於非凡靈性神恩的灌注下，同時兼具痛苦和喜樂的經驗。

德蘭具有釋解這些祕訣的技巧，竟致使她置身於偉大的靈修導師之列。在此大殿中，聖女的塑像並非毫無意義，她是一位創會者，塑像上形容她的銘辭：靈修之母。

聖女大德蘭被推崇為母親及靈修者的導師，已是眾所公認的事實，我們可以說豪無異議。她是一位母親，充滿迷人的單純；一位導師，充滿奧妙的深度。

聖人、神學家、信友及學者的傳統讚辭已肯定了她。現在我們予以確認，我們已留心地看出來，榮獲聖師的頭銜，藉著她永恆而常新的訊息——祈禱，她可以在她的修會家庭中、在祈禱的教會內及在世界上，執行更具權威的使命。

這是今天由剛剛授予聖女大德蘭聖師的頭銜，所提供更璀璨、更打動人心，反映在我們身上的光——『祈禱的訊息』。這光降臨在努力於禮儀性祈禱之改革及更新時期的教會子女身上，這光降臨在受到世俗喧嘩及繁忙事務誘惑、向狂亂的現代生活讓步，並因熱衷於賺取誘人的今世財富而失去靈魂真正財富的我們身上。當我們不僅失去和天主交談的習慣，也失去了朝拜和請求祂的需要和責任的意識時，這光也降臨在我們這些當代的孩子身上。

祈禱的訊息如靈性的歌曲和音樂來到我們身上，它滿盈恩寵，向信、望、愛的交談開放。同時，心理分析的探究正把脆弱、複雜如工具的我們條分縷析，使人能聽到的不再是人類在痛苦與救贖中的聲音，而是困擾人的潛意識動物性呢喃，以及失序之苦和絕望之痛的哀號。

睿智的大德蘭卓越簡單的祈禱訊息勸告我們，要瞭解『對一個樂意準備好自己例行祈禱的靈魂，天主施予的極大慈惠⋯按我的見解，心禱無非是朋友間親密的分享，亦即找時間常常和祂獨處，而我們知道祂愛我們。』（《自傳》8・4－5）總之，這就是教會聖師耶穌德蘭帶給我們的訊息，讓我們聆聽並使它成為我們自己的。」

當前的問題

教宗保祿六世說：人們不再像往常祈禱得那麼多，生活中這方面也有更多的問題。事實上，現在有許多人說，他們不需要花那麼多時間祈禱。因為他們與基督合一，因此他們所做的一切都是在祈禱。還有什麼比對近人行愛德更好的？因此如果我們在生活中幫助他人並為之行善，就不需要正式的祈禱了。行善本身就是祈禱，並滿全了福音的要求。

我承認這是有力的論證，但是我懷疑聖女大德蘭如何看待這一切？她會說什麼呢？從她的著作中，我確實知道她說什麼。她會說，她堅決不同意這種思考方式，這正好和她個人的經驗相反。

她之所以特別不同意乃在於，對她來說，祈禱是尋求基督，使我們和基督間友誼成長並保持祂作伴的方法。顯然，她會同意對他人行善、及遵循教導活出對近人行愛德之訓誡的重要性。但是從她自身的經驗，大德蘭會堅持祈禱是尋求基督、培養我們和祂友誼、發展我們和祂同伴關係的直接方法。

大德蘭花了許多時間來祈禱，她知道祈禱使她更直接意識到基督，意識到祂為她所受的苦以及祂對她的愛。她知道我們是為了和天主位際共融而受造的，以梵二大公會議的話來說，我們受造是為了知覺祂對我們的愛，並蒙召回報祂的愛。對大德蘭而言，「祈禱僅僅是和那位天主作友誼的交談，因著祂，我們知道我們受到愛護。」天主先愛了我們，所以我們必須答覆祂的愛，喜悅地表達我們對祂愛的感激，然後，我們必須擴展到近人身上。如果不先找到天主，我們就不會也無法在近人身上找到天主。

以基督為伴

大德蘭教我們祈禱的祕訣是，她能領導我們創造使我們能真正祈禱的正確氛圍。大德蘭提醒我們，當我們尋求獨自適當地祈禱時，需要「一位」和我們同在。有誰是比教我們〈天主經〉的基督更好的伴侶呢？她說：「如果我們仰望祂，想著祂多麼愛我們及教我們〈天主經〉，我們就必在祈禱方面成功。」

你若能靠近基督，在祈禱中努力和祂發展伴侶的關係，你就不會有問題了。大德蘭要我們默想福音中的各種情境，因為她發現沒有比福音更寶貴的著作了，她也知道在默想福音時，蘊含其中的真理會滲入我們的生命。當我們開始想像福音中告訴我聖愛的那些情境時，它們就會影響並改變我的生命，把天主思想和行動的方法帶進來。

這使我想到大德蘭喜歡強調的一點，對大德蘭而言，祈禱的目的「不是想得多，而是愛得多。」改變我們的是愛！愛使我們從我們習慣的思考與愛的模式中改變，使我們更加感激天主對我們的愛，也使我們願意回報祂的愛。

例如，當我默想《瑪竇福音》中，耶穌在水面上走向聖伯鐸以平息他的恐懼與懷疑時，我即在回想一幕有力的情景。我很容易在這畫面中看到自己，我看到自己常充滿心靈的恐懼與懷疑，更深一層，我看到自己像伯鐸一樣，需要主的臨在和祂對我個別的愛。另外還有一點，我看到常在我生命中發生的事，當我的目光離開基督而自憐時，我就開始下沉，而只會更加自憐；但是當我的目光集中在基督身上時，當我看著祂並祈求救援時，就大不相同了……於是我懂得，基督是我生命中最神奇的朋友，然後，我瞭解到和祂在一起，我什麼都能做；沒有祂，除了陷入自己的無力中，我什麼都做不了。

大德蘭最喜歡的情境

大德蘭極願和我們分享她的經驗。每當她談到祈禱，她告訴我們福音中她最喜歡默想的場景是，基督獨自一人和需要人的陪伴。例如，祂單獨在山園中祈禱和祂在柱子上受鞭刑時，此時大德蘭領悟到耶穌需要我們的陪伴，她知道主歡迎她，絕不要她走開，這些對我們所有人都是很好的回憶和默想的情境。

祈禱與修德行

在大德蘭心中，祈禱的目的不僅是帶來美好與安慰的感覺而已。依照她的經驗與思考方式，祈禱需要做得更多——它必須使我們在生活中修德行。

當我默想福音，並想到我冒犯主的各種樣子時，其結果應該是我決心修德來取悅我最親愛的朋友基督。我可能看到對於主為我做的一切，我的感激之心還差得遠，因此我必須越發修習感恩之德；或者可能察覺到基督對我以及全人類的愛，當下瞭解我必須愛我的鄰人如基督愛，並命令我愛所有的人一般。

凝望祂

大德蘭提到祈禱時很喜歡的說法之一是提醒我們，如果我們祈禱時不曉得要對主說什麼，我們所要做的就是「凝望祂」。這使我們想到聖詠中祈求天主注視我們，或讓祂的聖顏照耀我們。我們是在祈求能永遠注視上主的聖容，是愛情使我們注視主。注視主的聖容是什麼意思？注視的意思，是以渴望及熱切的專注來看、暗示著目不轉睛、非常地注意，幾乎是指非常入迷，以至於驚訝的張大嘴巴。我們所感受到的這種非常的專注，是我們懷著愛情注視基督聖容及福音中情境的記號，我認為這就是大德蘭關於祈禱所要告訴我們的。

祂愛的眼神看著我們

大德蘭一再回到「基督愛的眼睛永遠看著我們」這個理想。因著如此，她有許多的平安喜樂，並且感到有信心與勇氣。她的主那愛的眼神賦予她更豐富的生命，更豐沛的喜樂，使生命生動美好。在祈禱中，大德蘭只願回應耶穌愛情的凝視，讓祂的愛以新的程度與深度充滿她。

世上最偉大的事，不是能夠愛天主，而是知道為祂所愛。這是最令人心悸的奇蹟。「天主竟如此愛我們，以至於派遣祂的獨生子來拯救我們。」而聖子竟如此愛我們，以至於願為我們交出祂的生命，並且和聖父共發聖神居住在人靈中。真的，主以這樣的方式，主鍾情地凝視著我們。

如何默想基督的愛

大德蘭在《全德之路》中多次告訴我們心禱是什麼，為她而言，心禱是想著天主多麼愛你，而你是何等不堪當這樣的愛，但祂卻為你受了許多苦。當你以這樣的方法想著基督這個人時，毫無疑問地你就是在做心禱了……她常告訴我們，讓這想法融化並打動你的心。

要記得，為大德蘭，祈禱不在於想得多，反省得多，而在於愛得多。當祂對你的愛、你的不堪當、祂為你在許多事上受苦的這些思想引領你更愛主、更願事奉祂、更願為祂犧牲自己，那麼你就如大德蘭所描述的意義，是在祈禱了。

我必須常謹記於心：想法是廉價的……有一個新的或有深度的想法並不難，任何人都可以做到；但是愛就不同了，我必須先交付自己，一但機會出現，必須準備交付自己的生命。

祈禱的力量

既然你為此而渴望進入加爾默羅在俗會，無疑，你正自問，為什麼大德蘭這麼堅持祈禱？你也自問，祈禱如何能拯救世界？祈禱如何能使世界更好？

這些都是好問題，大德蘭告訴我們，在此世我們能做的有限，我們不能進入各種情況中，即使我們想這樣，也辦不到。然而我們需要做的，是注視主為聖伯鐸、為祂所有的使徒祈禱。我們可以看到，如果我們的祈禱生活與基督結合，如果我們的祈禱生活充滿了祂的愛，那麼就有力量去改變世界……這是非常靜默的使徒工作，沒有發出許多聲音，但是我們知道是愛改變了世界。讓愛最快速成長的方法之一，就是透過祈禱的修練。在祈禱中，我們與基督合而為一，我們為愛所充滿，我們放下自我主義與自私，讓主的愛充滿我們、引領我們。在與祂結合中，所有的祈禱都是有效的，並受到俯聽。事實上祈禱之所以蒙垂允，是因為與主合而為一，因此教宗皆稱此為直接進入主愛的默觀生活，是「教會中最具普世性且成果豐碩的使徒工作」。沒有更確定的道路可以到天主的心中，沒有更有效的方法可以幫助教會和其他的人。

祈禱是和基督間的友誼

聖女大德蘭在《自傳》中針對祈禱下了一個美好的定義，她說「祈禱不外是，和我們所知愛我們的天主之間友誼的交談。」但是為什麼大德蘭為祈禱下這樣的定義而此後沒有再提過這個定義呢？這是在《自傳》裡，大德蘭哀嘆她生命中放棄心禱時光的部分。然後基於自身的經驗，她勸告她的讀者永遠不要犯這個錯誤。她鼓勵我們每天規律地祈禱，因為祈禱是以基督為友。這是千真萬確的。如果你每天祈禱，你就會努力使基督成為你最好的朋友，讓祂的友誼豐富你整個生命。

但是大德蘭強調，友誼的本質是確定我們的意志與基督的意志一致，使我們的意志順服基督的旨意，是友誼的要素。再一次，她向我們保證，祈禱不是一種使我們感覺很好、帶來神樂神慰的操練。祈禱的目的為的是使我們和基督更親近，使我們的意志順服祂的聖意。

瑪利亞與祈禱

當聖女耶穌德蘭和聖十字若望開始思考完美的祈禱模範時，他們想到了誰呢？誠然，除了榮福童貞瑪利亞，完美的基督徒同時也是完美的基督追隨者，沒有別人了⋯因為她是完美的基督追隨者，當你努力在祈禱方面成長時，她是你必須經常注視、追隨的完美典範。

加爾默羅會士總是這樣做，因此我們在男修會的《會憲》中讀到：「因天主的恩寵，我們被稱為『榮福童貞瑪利亞的兄弟』，我們是以家庭的愛及對天主之母的奉獻而著稱，並因著內在與她結合而充滿活力。與瑪利亞的結合遍及我們的團體，我們的祈禱、默觀、使徒工作以及棄絕自我的生活，皆烙上了特殊的瑪利亞特色。」《會憲》中繼續說明：「福音中童貞瑪利亞的肖像提供給我們修會精神的完美模範，所以我們要模仿她的生活。經由持續地在信德中默想天主聖言，以及在生命中各方面把自我當作愛的禮物，她領導我們進入基督與教會的奧蹟中。」如果我們把目光定在她身上，並努力像她那樣祈禱，我們將達到加爾默羅會聖召的成全。

在獻身祈禱的修會中聖若瑟的地位

《會憲》就此點說得很清楚：「除了榮福童貞，我們尊崇聖若瑟為專心服事基督、瑪利亞與教會的模範，以及大德蘭推薦給我們的『祈禱的大師』。」

其後在《會憲》「榮福童貞瑪利亞在我們生命中」那一章可以讀到：「我們修會也以特別的敬禮光榮那些在天主愛的計劃中蒙召、以特別方式參與祂聖子降生奧蹟的人。因此以聖女大德蘭的精神，德蘭改革修會同時尊敬榮福童貞瑪利亞與聖若瑟。我們尊他為基督與祂母親的謙遜之僕、祈禱中與耶穌結合的模範及特選的修會保護者。」

以瑪利亞為我們完美的模範，並以聖若瑟為我們的父親及護衛者，我們在祈禱中為接近基督所做的努力一定會成功。

絕不放棄祈禱

如果在大德蘭的生命中有一點是我們可以與她相符的，那就是她年輕時對祈禱產生了困惑時期。她已經知道了關於祈禱成功的祕訣，但一段時間之後她常覺得自己有太多缺點，於是她斷定不應再作個偽善者。所以她放棄祈禱一段時間，一直到因天主的恩寵，她的告解神師使她確信基督徒生活非常需要做這種操練。

大德蘭告訴我們，這是她所犯過的最大錯誤！她明白無論什麼時候她忠於祈禱，一切就能好轉，即使她犯了錯，她很快悔改，就又開始進步。但她越放任自己放棄祈禱，她的靈性生命就越開始走下坡，這是許多人必須向大德蘭學習的極大教訓。她會告訴你什麼呢？她會給你什麼勸告呢？她應該會對你說：「無論如何，絕不放棄祈禱！繼續祈禱，你將很快抵達得救的港口。」

大德蘭對於祈禱的定義在基督宗教的歷史中是有名的。大德蘭告訴我們：「以我的看法，祈禱不外是：和我們所知愛我們的天主之間友誼的交談。」無論何時你這樣做，你就是在祈禱。

有趣的是，大德蘭在她的《自傳》裡，於特殊的文脈中，並為特殊的理由，給我們這個定義。大德蘭給我們這特殊的定義，是她生命中重拾祈禱並鼓勵所有的人照樣做的時候。她勸告我們，如果我們已放棄祈禱，要重拾祈禱！她的理由很清楚，因為祈禱是「以基督做為我們的朋友」。

對她而言，放棄祈禱就像放棄努力加深與基督的友誼並以基督為伴，但最重要的是，在她的定義中，她強調是祂先愛了我們，我們在祈禱中基本上是回應祂的愛，設法讓我們的心被祂的愛所點燃。

我常想，因著大德蘭的經驗，我總是能看清祈禱的重要性⋯我試著認同她，接著我能看到在我的生命中（我確定你能在你的生命中看到），當我忠於祈禱時，一切就會好轉。如同往常一般，大德蘭是對的。

她說：「最大的不幸是把我們的目光從基督身上移開。」在祈禱中，我們表達我們感激基督向我們顯示愛的目光。我們必然也把目光定在愛我們的那一位身上，我們試著使我們的心神和意志與祂調和，這正是與基督友誼的要素。

不需要太多想像就能確信，如果我們都做一件事——如果我們忠於祈禱，照大德蘭所說的「以基督做為我們的朋友」，這世界將更好，世上許多問題將大量減少；很快地這世界將快充滿更多的平安、愛與喜樂！願大德蘭為我們求得恩寵忠於祈禱。

重點討論

① 什麼是聖女大德蘭的訊息？
② 為什麼教宗保祿六世認為這訊息在我們的時代特別的有價值？
③ 什麼是大德蘭著名的心禱定義？你在自己的祈禱生活中如何經驗到了？
④ 什麼是合適的祈禱氛圍？為什麼有幫助？
⑤ 為什麼讀福音有助於默想？
⑥ 當聖女大德蘭說：「祈禱的目的，不是想得多，而是愛得多。」她的意思是什麼？
⑦ 什麼是大德蘭最愛默想的一幕？
⑧ 為什麼大德蘭堅持祈禱？
⑨ 瑪利亞和若瑟在加爾默羅會中有什麼樣的地位？
⑩ 大德蘭對於放棄祈禱教導我們什麼？

05 世俗與加爾默羅在俗成員

本章作者
加爾默羅會士
麥克．格利芬
Michael Griffin OCD

Secularity and the Lay Carmelite

在前面章節中，我們檢視了加爾默羅會在俗成員生活中的特別靈修面向。看起來好像我們沒有顧及世上平常的事物，以及重壓在人類身上的日常牽掛和問題。然而，當我們檢視生活中更實際的方面時，這種印象就自會消除，這正是我們計畫在本章中談論的。

真正要衡量一個聖人的聖德，最好的方式，往往是從他日常生活方面去發現。可以這麼說，聖女大德蘭所具有的許多單純面向，似乎深為大部分的人所賞識。須知亞味拉的聖女，雖然她的頭在天堂，但是她的腳卻四平八穩地踏在現世。她不僅沒有顯得不真實，反而是個明達事理的人，過著人人必須過的現世生活。唯有這樣的聖人才能告訴我們：「天主在鍋碗瓢盆之間走動。」

這與許多人的觀念多麼不同！他們認為修道人或虔誠的人，意謂著從人人當盡的責任中得到豁免。他們的想法多少有點像梵二大公會議中某位樞機主教所描述的。他說：「他們中許多人，身為基督徒，生活在教會中，猶如在遊艇上的高級旅客，除了維持並為他們的健康獲取最大的利益之外，對其他的一切都漠不關心。他們的基督信仰變成一種『安逸』的信仰，只視之為傳統和一種遺產。」梵二大公會議強烈反對這種心態，視之為相反具有強壯根基的天主啟示。

生活中平凡的事物

經驗告訴我們，每當人們想求進步時，就立即提高他們的期望，想要設計出一套生活模式，但是卻不包括平凡的事物在內。事實上，他們忘掉了生活中普通的責任與義務，以為沒有比這樣的幻想更愉快的了！但實際上，這種幻想並不真實，只是真實中的一部分，若極力實行會使人失去正常的聯繫，最後導致生活本身變得很不真實。

因此在這本章中，正當你打算加入加爾默羅會，成為在俗成員之前，我要提出某些必須面對並嚴肅討論的問題。必須誠實面對的主要問題，是有關世俗與你的生活，或者稱之為你生活的「在俗」面向。進入加爾默羅會成為在俗成員的目的，不是要成為一個迷你隱修士或半個隱修女，記住這話對你是有幫助的。很簡單——你要保持原來的身分，不要避開你生活中的本份責任和職務。實際上，一個人加入在俗會，是為了更善盡義務與責任，而不是逃避或脫離。

若從一開始時就尋求一個虛假的身分，這是個嚴重的錯誤。美國熙篤會士多瑪斯．牟敦警告那些尋求虛假身分的人，他們所尋求的生活方式甚至連天主也不承認，因為天主沒有召叫他們過這樣的生活。不過，當你擁抱生活中的每個面向時，你就能「在天主和人前，於智慧恩寵上成長」。

世俗與俗化主義

當一個人加入修會，即使是加入在俗的第三會，顯然地，天主要的是你全部的生活、你整個的生命，而不是只要你生活的一部分。祂不是只當你祈禱或參加敬禮時，尋找你的心，祂要的是你整個的生活，因為祂要毫無保留地把祂自己完全給你。

我們馬上注意到，「世俗」（secular，譯註：英文中與在俗會的「在俗」是同一個字）是個很模糊的詞，需要澄清。「世俗」是指當今的世界及世界當前的情況。在這樣的意義上，我們發現「世俗」這個詞是可以接受的。但是當我們要去斷定，什麼時候把天主留在這幅世俗的圖畫外，什麼時候把天主從男男女女的生活中排除時，問題就產生了。

因此「俗化主義」（secularism）這個名詞的定義是「把天主與祂的受造物分開，否認天主臨在於現世，如同祂不存在。世俗之城是人與事完全沒有天主的推動，也沒有宗教運作的世界。俗化主義是一種世界觀與生活方式，否認天主的內在性和祂的存在，及人的宗教天性。俗化主義既否定天主的隱藏臨在與行動，也否定基督對宇宙或世界的影響。這導致走向俗化的社會，而否定基督信仰的兩項基本真理：創造與降生。」這是教會嚴厲譴責的俗化主義。

不要把俗化主義和世俗混為一談。很單純的，世俗強調人類生活中許多方面俗化的利益，這幾乎是當前所有文明國家普遍公認的。宗教認為，「世俗」認為，這種看法在天主內可與信仰並存，基督徒發現「世俗」對於福音訊息是有利的。

梵二大公會議認出生活中的世俗面向有其自律性時，認可這種觀點。以下是會議發表的言論：「如果世事的獨立指受造物及人類社會，擁有固有的定律和價值應為人類逐漸發現、運用並駕馭，則要求這類的獨立是對的。這不獨是我們現代人的要求，而且也符合天主的聖旨。」（《論教會在現代世界牧職憲章》36號）

經驗顯示，人「過份」靈氣並不好，因為那常常意謂著逃脫日常生活的事物，而生活中許多美和愉悅，乃出自於對單純事物的適當欣賞。試圖逃避或不理會這些事物的人，會變得單調乏味、有點冷漠、甚至有些令人厭煩。有時，在極端的情況中，本性會反抗，人甚至可能顯得性情乖僻。無論如何，這人無法反映出天主的喜樂，天主是我們的造物主也是救主。

福音與純德

當我們閱讀福音時，默觀耶穌生活中一些雖微小卻重要的德行時，是多麼暢懷。例如，當主耶穌和宗徒們一起舉行最後晚餐時，顯然應該有一位宗徒要為主及其他宗徒洗腳，在這樣的聚會中應提供這項服務。但是主注意到沒有一個人做這件事，就親自為宗徒們洗腳，並口親他們的腳。主多次花時間傾聽宗徒們的憂慮與問題，祂總是順從宗徒們的使喚，祂不認為這樣謙卑的服務配不上祂的尊貴。

還有，想到吾主之母瑪利亞，是多麼的美啊！她因天主聖神的庇蔭而成了主耶穌的母親。聖經告訴我們，她「立刻」急速動身，前去拜訪即將臨盆的表姊。有人可能會想，即將成為天主之母的瑪利亞可能會期待別人盡力伺候她。其實，好像是麗莎該被驅使前去拜訪瑪利亞，但瑪利亞對幫忙表姊的需要與可能是那麼敏感，使她急速去探訪麗莎。

諸聖

對於已經列品的諸聖，他們顯然很能嚴以待己，修練嚴格的苦行，這往往令我感到驚奇。當然這是個神學上的見解，但是我們看得出來，他們靠天主恩寵的領導，以非常單純迷人的方式，一種深深觸動我們心靈的方式來修德行。

聖多默．穆爾（譯註：Thomas More 曾任英國首相，因反對英王亨利八世與教宗決裂而殉道）是個很好的例子。他確實過著舒適的生活，充裕地供應家人的需求。他喜愛和家人共處，在他給孩子的書信中，我們驚奇地看到，他如何允許孩子們和他開玩笑，沒有保持距離或高高在上。他走向刑架時多麼優雅，他帶著微笑前行，甚至要求劊子手放過他的鬍鬚，因為鬍鬚從未做過對不起任何人的事情。

聖若望．肯柏（John Kemble）也是「英格蘭與威爾斯四十位殉道者」之一，幾年前列品，是位被處絞刑時已八十高齡的神父。他是教區神父，不是隱修士，也不是修會會士。他的溫和真誠贏得了所有人的敬愛。最後一天，他們問他臨刑前是否有最後的要求，某些認為成全的本質即「嚴格」的人（教會常強調愛是成全生活的中心），可能期待他會棄絕任何的舒適。但相反的，他要了一小杯雪莉酒和一支裝滿菸葉的菸斗。當他慢慢啜飲著美酒，並從菸斗噴煙時，我真願意付出昂貴的代價，好能接近這位神聖殉道者最後的祈禱思想。

聖經的教訓以及我們從聖人的生活中所學到的寶貴教導，提醒我們生活中的各方面都很重要。嚴格與遠離他人並非聖德的首要因素。聖德是為了愛天主，並在心中滿懷著祂的愛。去做一切事，尤其是作小事和平凡的事。

要面對的實際問題

如果我正考慮成為一個加爾默羅會在俗會的成員。我認為，在俗世的處境及我的日常生活中，勢必有許多實際的問題要面對。以下是其中的一部分：

1．我的家人對我這個變動想些什麼？

像加入在俗會這樣的改變，很容易引起配偶和子女的不安。我不願意輕率地認為理所當然他們會懂，且不在意，因此應該和他們談一談這事。這是一般性的原則，也許有例外，但我不認為應輕率地疏忽他們。

要謹記，先前所有在俗會的成員都要發「聖願」。但最近一次總會大會決定，「聖願」這個詞似乎太修院化了，因而容易造成誤解。這一次會議不認為先前成員發「聖願」有害，但考慮目前所有成員都發許諾願，只在發了終身許諾願一年之後再發某些聖願較為妥當。我認為這樣的改變可使家中某些成員安心，因而有所助益。

當人默觀這樣的聖召時，很容易因著新近在此聖召中發現的恩寵而充滿熱情，但是基於愛德，必須考慮到家人的感受和權利，因此通常應尋求他們的同意。

例如，假如我是個已婚者，我的妻子回家說她要加入加爾默羅會在俗團體，我一定會有許多疑問。我可能很容易疑惑她心裡真正想些什麼。我可能合理地懷疑，她是否要「重新協議婚姻合約」，對我們結婚時所做的許諾可能會造成限制。我確定孩子們關於這件事也會有一些疑問。

我認為目前處理這情況，多少和處理已婚執事的情況相似。就我所知，他們受訓時，必須獲得配偶同意將授以他們的執事聖秩。基於重大的理由，他們所要接受的聖秩不能影響對妻子和家庭的基本義務與責任。

2．給家人時間

如果一個人決心加入在俗會，對「必須給家人時間」就會有問題。如果我決定每天參與彌撒，是否不方便為家人準備早餐？是否我自己的聖化重要到可以忽視家人？這可能有些方法能達成協議，使得家人同意，而不讓他們感到被忽視。這個問題應在領受會衣及發許諾願之前面對。

3．較嚴格的生活方式

當我熱情地計劃在某些特定的日子守齋，或按照會規守神貧時，必須小心別把擔子加在家人身上。如果要守齋，我絕對不可強迫他們，或想要使他們也跟著一起守齋。

4．我會是家中「比你們更好」的一分子嗎？

往往我心中所想的是一回事，而家人瞭解的又是另一回事，這常是可能的。我可能認為，更深入靈修旅程是個美妙的想法，但是要很小心，別傷害到家人。我必須謹慎明辨這個問題，以免使自己只切望在道德上比家人優越。

一條妥善的總則

如果你感到蒙天主召喚加入加爾默羅會成為在俗成員，這是極好的恩寵。但是必須很溫和地善用這個恩寵。若果真如此，你會為你的家人做更多好事，但若不能善用恩寵，可能會造成家人不再尊敬你、也不再愛你。

因此有一項妥善的規則如下：我必須下定決心，在進入加爾默羅會的同時，願度能更強化和家人的關係的生活。像福音上提出的，願能更愛他們，並且更慷慨大方地服事他們。我必須繼續求主賜予為家人祈禱的恩寵，不要好像裝出我在家中超群出眾的樣子，但求在愛與服事上成長，天主才會賜我對待家人更像基督徒的恩寵。

總之，我不願意因加爾默羅會的聖召而瓦解愛與和諧，這是我的婚姻生活與家庭中心，因此，必須仔細想清楚，達成尊重所有人的意願和感受的協議。如果我加入一個加爾默羅團體，每個月利用一個星期天的精華時間開會，我要確定我的家人不會感到被遺忘或忽視。

如果我每天要祈禱、閱讀聖書或念日課，我能否做到不因此而逐漸和我所愛的家人有距離？畢竟，這些是與婚姻聖事恩寵一起接受的責任，我不能不尊重這誓約。

如果你真誠尋求天主的旨意，並且天主真的賜給你聖召，要確信這些事情都可以解決。但是不能視之為理所當然，反之，你必須克服它們。這可能有所不便，但是只會使你的聖召更堅強。

梵二大公會議文件

如果你要在「世俗」這點上尋求更多的資訊與討論，你可以在梵二大公會議文件中找到豐富的資訊。查看《教會憲章》中專論平信徒的一章，你也可以在《論教會在現代世界牧職憲章》裡得到許多啟發。當然，《教友傳教工作法令》可以提供豐富的靈感。

梵二大公會議的中心思想是，我們必須奉獻生活的各面向給基督，致力於地上的神國。這意謂著要善用天主賜給我們的一切時間與才華。也意謂著我們必須不斷尋求增長本性的技巧與才能，使我們成為祂手中有效的工具。

重點討論

① 關於提高期望以謀求進步，什麼是虛妄的？
② 什麼是虛偽的身分？
③ 什麼是「世俗」和「俗化主義」？
④ 請舉出幾個福音中耶穌和瑪利亞日常生活中日常德行的例子。
⑤ 你相信愛，而非嚴格的生活，才是成全的要素嗎？哪一種比較難實行？
⑥ 為什麼家人支持我們加爾默羅會的聖召很重要？

06

基督徒作決定的過程

本章作者
加爾默羅會士
麥克・格利芬
Michael D. Griffin OCD

The Christian Decision Making Process

既然你快要結束加默羅在俗會望會生的課程，現在是做重大決定的時刻！你已經做了很多祈禱，通過講授的課程，並且一直在分辨天主的旨意如今你必須做決定，必須要行動。

經驗顯示，做決定是件困難的事。這使我想起一個很古早的卡通片，有一個人對他的精神科醫生說：「如果不要做那麼多決定，生活會比較容易。」我們會對這樣幽默的洞見會心一笑，但我們都知道，其中倒是有點兒真實。

或許我可以用發生在一些日子前，一位即將領受加爾默羅在俗會會衣的婦女做決定的過程為例子，為基督徒做決定的過程做一說明。

因為工作的緣故，那年她必須常常去外地。有一次，她寫了以下的信給我，想要知道如何做出安心的決定。以下是信中的部分內容：

親愛的麥克神父：

上次和您談到我的聖召時，我認為所有的問題都解決了。似乎我所要做的事，就是準備下次開會時的收納禮。可是現在我發現自己碰到許多問題，變得有點沮喪。

簡單地說，我的問題是我丈夫因我決定加入在俗會而沮喪，我的小女兒也不像從前那麼親近我了。或許是由於這是緊張忙碌的一年，我不得不為了工作而到外地出差。但無論如何，在這次出差後，短期內我不需要再因公事外出，因此我能多多陪伴家人。順便一提，我們全家將於一週內開始家庭度假。

因為在度假前我只有一天的時間在城裡，希望我能去拜訪您，討論這些事，以便若可能的話，下次開會之前，我能做出某項決定。

瑪利　敬上

會晤

瑪利旅行回來後，前來看我，我們很仔細地討論問題。有件事立刻清楚地浮現：她希望面對問題做點什麼，而不是只想找人談談，得到些同情而已。這是個很好的出發點，在下面的篇幅中，我會詳細重述在我們晤談中所碰到的幾件事，以及她如何著手做出決定。

聖召使別人困惑錯愕

聽完她的問題後，我就告訴她基於自己的經驗，我覺得有點了解。我年輕時，決定要離開家前往修院開始為鐸職攻讀，當我開始嚴肅地思考我的聖召時，自然為自己的前程感到深深的吸引。我常在心中反覆思考所要追求的目標，以及我認為未來所能做的事情多麼美好，每次想到我的聖召，都變得越發興奮。

過了些時日，我想適合的時間到了，就和父母討論這事。我很驚訝，他們並沒有馬上分享我所有的熱忱。在一段合理的短暫時間後，他們的確同意讓我離家去修院。自然地，對於這一切，我像許多年輕人一樣覺得有點困惑，父母需要時間回轉心意，接受司鐸聖召的想法。

事實上，這並不像人想的那麼驚異。畢竟當一個人接受聖召時，他會思考相當一段時間，為整個情況祈禱，排除路上可能有的一切障礙。只有這樣做之後，我們才會和別人分享這些想法，而聽到的人會驚愕失聲，因為他們先前沒有絲毫的覺察。我們要記得，他們也需要時間來徹底想清楚這件事，這是很自然的！當一對情侶宣布她們打算結婚時，在家庭中我們也會看到同樣的情形，他們的宣布沒有馬上得到贊同，他們也不會吃驚嗎？後來當她們花一番工夫得到父母的贊同後，不難發現，那是需要一點時間和很多努力，才能成功的。

是的，聖召可能使當事者充滿很大的光明和喜樂，但是這聖召對他人而言，在第一次提出來時，似乎是奇怪而令人困惑的。所以我的建議是：

你要有耐心，如果是天主旨意，所有的事都會迎刃而解。

為什麼？為什麼？

當我們要說服別人，特別是家人，接受我們的聖召時，如果他們沒有馬上同理或贊成，我們會感到有點挫折。我們可能發現自己會說：「為什麼我不能去作我認為對的事呢？」或說：「為什麼我不能做些神修方面的事，做那些我覺得對我重要的事呢？」

你可曾注意到，當我們遇到挫折時，常用這類的辯詞？注意到「為什麼」的問題，通常是以自我為中心提出來的，這是很重要的。你可能就有這樣的感覺，但是這類的問題常會使別人在緊張和有壓力時感到挫折和忿怒，最好迴避這樣的問題，只表示你的決定對每一個人都最有利。畢竟，有壓迫感時，他們只想到自己的利益，那是很自然的，因而沒有時間讓你說明你的狀況，表明聖召對你的意義。福音說得很對：「機警如蛇，純樸

如鴿。」（《瑪竇福音》十16）

如何處理壓力？

不久前，我曾經必須帶領一個課程，名稱是「如何處理壓力」，是為美國天主教大學的成人教育課程所開的課。這不是門最了不起的課，但學生覺得在很多方面都有用。有些人選這門課，是因為他們在工作中，面對很大的壓力。有位女士每天早晚上下班，都得開車經過環城高速公路，她因此覺得壓力很大。另一位先生不喜歡在工作會議中表達意見，但他在供養普世貧窮人的國際機構中有重要地位。這所有的問題，都需要更深入地瞭解到在他們生活中引起壓力的原因。當他們能作以下三件事時，終究能解決他們的問題。（只有你能解決你的問題，老師只能給予指導和鼓勵。）

一、他們必須學習確認引起問題的原因，更清楚了解到，導致生活中引起這麼多壓力的是什麼。

二、他們必須認出造成現況及引起身心痛苦的情緒。例如：如果一個人發現一份工作的壓力很大，曉得所體驗的是什麼樣的感受是很必要的，甚至可說非常重要。你在生氣嗎？覺得挫折嗎？變得愛和同事爭論嗎？你真正的感受是什麼呢？為何這些情緒讓你覺得挫敗呢？

三、最後，重要的是，要看到你生活中更大的畫面，明瞭為什麼學習降低壓力，學習如何與不愉快的感受相處。是很重要的。像這位在會議中發言困難的先生，終於知道，如果他不處理這問題，容易被人認為缺乏興趣甚至有敵意。這樣將會埋沒他的才華，也會失去升遷的機會。

決定加入加爾默羅在俗會

前面引述寫那封信的望會者，她是個很好的例子，有助於非常想做明智的決定，考慮進入加爾默羅在俗會的人。我告訴她，她寫的信顯示出她希望為自己的生活負責，她已經做了很重要的事。

而當她把所認為的問題本質，及在家庭生活中所經驗的衝突寫在一張紙上，僅僅如此做，已使她快速走上早日解決問題的路。

不過，我接著對她說，如果她試著去認出自己所體會的情緒和感受，會是個好主意。更有甚者，這對於認同她先生和孩子的真正情緒和感受，也是個好主意。只是說「他們很苦惱」，或「他們不喜歡這個想法」是不夠的。可能真的是如此，但我們未必清楚，這樣的說法究竟代表什麼意思。如果不弄清楚他們的意思，你也不是在解決問題　如此不清楚只會使你的情況更加錯綜複雜。這位婦女同意試著去認同她先生和孩子所表達的情緒和感受。

然後，她也同意看看她生活中更大的畫面。很多次當我們經驗到衝突時，我們把自己弄得窮途末路　甚至可能忽略掉生活中更大、更重要的問題。像這位婦女，她對天主的愛，她對信仰的深深執著，她對自己有加爾默羅在俗會聖召的信心，都是她深深關切的。當然，她對先生和孩子的愛，其重要是至高無上的，這是導致她衝突的更大背景，正因為他如此深愛這一切，她發現自己陷入情緒的困境中。

深愛與奉獻，很容易產生的衝突和緊張，這是常見的事。但我也要強調，這些問題比較容易解決，因為其間有更多的愛和善意。

生活規章

做一個加爾默羅在俗會成員的寶貴特色之一，就是在俗會要給你一本《加爾默羅在俗會生活規章》（以下簡稱《生活規章》[1]）。我們由經驗得知，許多人終其一生沒有方向或目標，因此，許多人想過一種靈修生活，但他們的生活缺乏具體的模型和方式，由於毫無組織，以致於總原地踏步。然而，加爾默羅在俗成員卻沒有那種抱怨，因為他們的《生活規章》內涵廣泛而具體。加爾默羅在俗成員告訴我，他們越瞭解《生活規章》，就越喜愛它。

---

1 赤足加爾默羅在俗會會憲於二〇〇三年六月十六日獲總參議會 (General Definitory) 通過，並呈交亞味拉總代表大會 (General Chapter) 審核，經為期五年「試用」(*ad experimentum*) 及教宗認可後，於 2008 年正式成為全球赤足加爾默羅在俗會會憲，即日起以本會憲取代《生活規章》(*Rule of Life*)。二者都建立在相同基礎上，而《會憲》更加周詳。本書內提到的關於《生活規章》處，皆包含於其中。

出於好事的壓力！

我們本能地覺得，事情不對勁時才會產生壓力。我推測大部分人都這麼覺得，對不對？事實上，有時候好事所帶給人的壓力，比不愉快的事還大。若人默想婚姻生活，可能很有壓力。如果一對年輕的夫婦生了頭胎嬰兒，這對他們是很大的祝福，但也可能是非常大的壓力。所以若說只有壞事才帶來壓力，並非實情。

你還記得我們說過，當你經驗到天主召喚入會時，你充滿了喜樂和歡欣嗎？這是一件好事，然而你聖召的優點，也可能是令人誤解的理由。

《生活規章》說些什麼？

如果我是個結了婚的人，而我的太太說，她喜愛加爾默羅在俗團體並且打算加入，為何她要如此做，我一定完全不清楚。多半做先生的人都會有同樣的感受，除非他們對這件事完全漠不關心。我要在此強調，先生或家人可能心懷嚴重的誤解。

有人可能疑惑，《生活規章》中所提到的福音化生活都是些什麼呢？是否意謂太太參加了團體後，會因目前默想的程度，對夫妻間的親密會有不一樣的看法？貧窮是否意謂她從現在開始要穿邋遢的衣服，穿著歐洲寡婦習慣穿的標準黑衣服呢？她會對新團體比對她的家庭更有興趣嗎？這些都是真正的問題，不是個假設的情況，必須以善意去面對。

我們必須處理的問題

問題不會自動消失，我們必須做些事情。記得有一天，我因牧職上的困難去找本會的肯尼斯神父（Fr. Kenneth OCD），我說我的處境令我不快樂，但我在盡力應付我的問題。他告訴我：「記住，應付和處理問題，二者是不一樣的。」如果你應付問題，你可能做對了，也可能做錯了。如果有一位媽媽和較大的兒子在家相處有問題，她應付問題的方法可能是找兒子來理論一番，或者完全不理會他的行為。兩種解決之道都不可能有用，但她在應付問題。

另一方面來說，如果她要處理問題，那麼她會尋求合理的解決方法，她不會置之不理或只希望問題自行解決。不，她會勇敢面對問題和問題本身的意義，在找到雙方都有利的正確解決方法之前，她不會放棄。

給予保證

我告訴瑪利，如果她的先生和孩子在這事上一說再說，不要覺得驚訝。妳會認為和他們說一次就夠了，但是他們常常希望再討論此事情這種情況是很容易發生的。

必須瞭解，我們不建議妳這麼做：給妳先生一本《生活規章》，對他說：「如果你有任何問題，可以在這本《生活規章》上讀到一切答案。」

首先，他可能不是要尋找資訊，特別是有關加爾默羅會生活的資訊，他可能已經擁有所需要的所有這類資料。

十之八九，他仍然因你的選擇覺得不自在、焦慮或困擾，他需要你的保證，更重要的，需要你對他說，你採取的新步驟不會妨礙到婚姻，也不表示你會太熱衷於加爾默羅會聖召，以至於忽略他或家庭。

你可以進一步使他安心，告訴他，婚姻對你的意義是多麼重要，所以任何時候，如果加爾默羅會的聖召在他看來造成對婚姻或家庭的威脅，請他讓你知道。你可以對他說：「我已經仔細考慮過這個問題了，我走這一步，決心確保不會影響到婚姻生活，所以才做了如此的決定。

事實上，我做任何決定都是想更鞏固我們的婚姻，而不是要干擾婚姻生活。」你可以繼續說明：「不論何時　若你發現我因為加爾默羅會的聖召而在任何時候忽略了家人，你可以完全自由的在任何時候告訴我，我會感激你這樣做。我必須強調我是真心的　因為婚姻和家庭是我生活的全部。」如此的保證正是丈夫和孩子所尋求的。

負起責任

若這類問題在家庭裡發生，總要記住你必須負起責任。這基本上是你的問題，只因你想跨出更光榮天主的那一步，並不表示周圍的人都該忽視這個舉動，或對此不加理睬。望會者必須負起責任處理所發生的事情，這可能會有點麻煩，但這樣做確實更能強化你的聖召，而非削弱。因此我想，就是因為沒有人想處理這樣的情況，才會常有夫妻分開和家庭瓦解。許多男人可以挽救他們的婚姻和家庭，如果他選擇去處理，樂意解決因他熱愛自己的工作和事業所惹起的問題。可惜他往往不願去面對工作和事業對婚姻造成的破壞後果，他只假定太太和孩子必須忍受這樣的情況，要很高興他支付了所有帳單，事實上，他必須做得比這些更多，他必須把家中每個人的需要列入考慮。如果他選擇真正負起責任，他可以成功地使所有家人都覺得相當滿意。

基督徒的決定

到目前為止，我們已詳細談了做決定的基本要素，現在我們來到了最重要的部分：如何作出真正的決定，一個真正基督徒的決定？

如果你尋求與基督結合，並偕同祂作一切事，那麼你會只選擇達到這個目標的一切，這就是我所說的基督徒的決定。因此，瑪利，如果妳向先生或孩子開口之前，先有意識地與耶穌結合，並祈求恩寵，在討論中只為悅樂天主，妳就是走對了路。但也要記得使先生和孩子與主結合，使他們接受到主的光與愛，以及他們所尋求的安心。

這可能是最容易忽略的一點。人們往往為自己祈求所需要的力量和信心，卻忘了為其他相關的人祈禱。但如果我們真的為他們祈禱，我們會覺得更自由，更願意為他人最大的益處而努力，那是令人驚奇不止的。如果我們沒有這樣做，不僅沒有做出圓滿的基督徒決定，而且把自己封鎖在先追求自己的好處、並且只追求自己好處的情況中。

要求的過程

你可看到，整個過程是很長的，極需要長期的時間和耐心。不過很重要的一點是，要如此做才會成功。若你真的以這樣的方式尋求天主的光榮，你照顧到自己真正的需求，也誠懇的尋求別人的需求。

這是生活中處於這個緊要關頭，所要採取的步驟，也是在人生所有境遇中要採取的步驟。不幸地，許多人不曾做過這種基督徒式的決定，因此他們沒有把生活的各種情況，與基督徒的生活整合。

如果在妳的生活中，說服先生或家人方面有困難，那大概是你在經歷一個考驗，一個真正的考驗，使你能確定，你真的以屬靈的方式作出所有的決定。這可能是一個大工程，但是報酬更大。

我的加爾默羅會背景

瑪利，我知道妳在想什麼。我知道妳在問自己，為什麼我對自己那麼肯定。妳想知道是什麼使我如此堅信。

這個祕密可以在我的加爾默羅會背景中發現，我在加爾默羅修會的生活教導我很多事情，最主要是所有我做的，我都願與加爾默羅聖母童貞瑪利亞結合在一起來做。我很直覺地投奔她，也奔向聖若瑟和加爾默羅諸聖。你看，我們有一個傳統，不僅是為我們的需要向他們祈求，更在我們所做的每件事上與他們一起祈禱。這必能說明我的信心和保證。在修會中愈久，愈會看到自己直覺地這樣做，不僅對自己感到有把握，同時也會把愛的保證帶給別人。

結論

瑪利，我很清楚我們快沒有時間了。但在做結論之前，最好把我們說過的作個快速而簡短的總結。我們的結論如下：

一、首先，當天主賜給你聖召時，問題也會從一開始就伴隨而來。聖母瑪利亞也有說服聖若瑟的困難，她必須忍耐，必須等待，必須信賴天主的幫助。

二、把妳的問題寫在紙上，可能是最有幫助的。這樣妳可以看到自己的問題，及從中引發的感受，也能用時間去澄清妳對問題和感受的想法，這些也同樣困擾著家人。如我所說的，先是你從天主得到了召喚，由此而得到機會去面對自己的想法和感受。現在妳必須給其他人對等的時間和機會，去面對他們的衝突和不安的情緒！

三、時常記住，不要錯過看更大的生活面。在妳的事例中，更大的一面包括天主的榮耀和光榮、妳個人的需求和家人的需求。一定要祈禱，使妳真心面對所有的事情，那麼，妳就不會對他們嘮叨不休，而是懷著愛心和他們討論這件事，這是愛的對話，而不是焦慮的獨白。

四、確定妳願意以真正基督徒的方式努力正視、解決妳的問題，基督徒做決定的過程需要時間和努力，但卻保證以公平和愛德來對待一切：天主、自己和家人。一個基督徒作決定的過程，首先是妳自己與天主結合，並祈求祂的助佑，然後繼續存留在與祂的結合中，同時也希望和其他的人結合於光和愛中，這是惟有天主能給予的光與愛。這樣做之後，你一定會說出令人滿意的話。當妳與基督深情地結合，又使他們也與祂深情地結合，你就會以反映出基督之愛的方式來處理事情。妳不會失敗的，請相信我吧！

時間已經到了，瑪利，我會和妳一起祈禱，希望妳一切順利。如果妳像先前許多的基督徒所做的那樣做，妳可以確信一切都會順利。如我所說的，我在修會中的歲月使我確信，如果你也求瑪利亞、若瑟和加爾默羅會諸聖和妳一起祈禱，妳會看到，這樣的信賴絕不會落空。

重點討論

①處理壓力的建議有哪三個步驟？

②決定成為加爾默羅會在俗成員時，有什麼一般性的情緒會產生？

③度《生活規章》的生活將會如何改變我與家人的日常生活？

④對此我的態度如何？我對天主的旨意開放嗎？我對家人開放嗎？對心中的敵意、防衛心開放嗎？對長上開放嗎？

⑤我祈禱多少？我忠於祈禱嗎？我把一切都放在耶穌的聖心內嗎？

⑥在解決問題時，我把瑪利亞、聖若瑟和修會諸聖也放進去嗎？

07 入加爾默羅在俗會的靈修準備

本章作者
加爾默羅會士
麥克・格利芬
Michael D. Griffin OCD

Spiritual Preparation for Being Received into the Order

當你上完望會課程的六篇道理後，即將準備領受加爾默羅聖母的聖衣。這對你的聖召是重要的一步，因此，需要一些認真的心靈準備。

我建議你不妨用幾天的時間祈禱，可能的話，做個九日或三日敬禮，來準備這個大日子。做九日敬禮的意義是，連續九天向聖神祈求所需要的助祐，好能認真又虔誠地跨出這重要的一步。就個人而言，每當我做九日敬禮時，感覺到這九天好像是在醫生的照護之下，當然，在這其中，我是受到聖神特別的照顧和引導。我提醒自己　耶穌曾許下要派遣聖神，使祂能把我們引入一切真理，聖神不但使我們想起耶穌的話和教導，而且聖經告訴我們，祂會把我們引入一切真理。

目前，你正準備跨出這重要的一步，進入加爾默羅聖山聖母的修會，你正祈求聖神光照你，使你能夠以全部的愛情和慷慨響應聖召。這個九日或三日敬禮中，你祈求什麼？更正確地說，你應祈求什麼呢？你所要做的，就是深思望會者穿會衣的禮儀，你將能從中看出，天主希望你考慮的是什麼，最重要的，祂要你渴望什麼。

以下是收錄陶成的現行禮儀：

1．這個禮儀不宜在彌撒中舉行，為使按慣例在彌撒中舉行的許諾願與聖願具有更大的意義。

2．聖水、灑具和大的棕色聖衣要收在適宜之處。

3．主禮神父佩戴白領帶。

4．望會者由陶成導師陪伴上前，站在主禮神父前。

陶成導師：「神父，＿＿＿團體的成員，推薦＿＿＿成為陶成備修成員，請您收納。」

望會者：（如果望會者超過一個人，則選出一位代表發言）「可敬的神父和我的兄弟姊妹，由於天主的恩寵和仁慈的吸引，我（們）請求您，教導我（們）追隨基督和祈禱的生活，教導我（們）棄絕自我，為教會和全人類服務。請幫助我（們）學習加爾默羅會的會規和精神，學習遵守基督的法律，以及成全的愛德。

主禮神父用以下或類似的話，對望會者作簡短的訓示：

「你（們）要求在加爾默羅會神父的指導和靈修輔導下，追求實行福音的成全。你（們）遵奉在俗會的理想，這理想是建立在會母聖德蘭和聖十字若望的神恩及教導上。這兩位聖人對天主之愛都具有深刻的意識、忠於默觀祈禱、超脫的精神、慷慨地實踐手足之情的愛德與使徒工作。願榮福童貞瑪利亞成為你（們）獻身的模範，願她經常守護你（們）。」

主禮用以下的禱文降福聖衣：

主禮神父：「請大家祈禱：天主！在童貞瑪利亞的淨胎中，祢為祢的聖子穿上了我們有死的肉身，求祢在這（些）聖衣上傾注豐富的恩寵，恩准我們的兄弟（姊妹）＿＿＿穿上這聖衣，作為向天主之母奉獻的標記，並逐漸相似她的聖子耶穌基督。」

眾：阿們！

主禮神父向聖衣灑聖水，並在陶成導師的協助下，為望會者佩戴聖衣。

主禮神父：「加爾默羅在俗會誠心地歡迎你（們）成為陶成期的備修成員，願天主以祂的恩寵使你（們）日益茁壯，並願基督成為你（們）的導師和光明。」

為了清楚起見，我要為初學者摘要提出主要的真理及訓勉：

（1）「我前來請求教我如何更慷慨、勇敢地追隨基督，我也請求教我度祈禱的生活，棄絕自我為教會和全人類服務。」你的意向是要在基督徒圓滿的愛中成長，因此，你尋求學習更多有關會規及加爾默羅會的精神以達到此目的　因為它們是建立於基督的法律上。

（2）主禮神父以整個加爾默羅會的名義，提醒你，你是在加爾默羅會神父的引導下，獻身於追求福音的成全。他也提醒你，你所遵奉的加爾默羅在俗會的理想，乃建立在創會者聖女耶穌德蘭和聖十字若望的神恩及教導上。這兩位聖人所提出、也是你全心尋求遵奉的理想是什麼呢？以下的話可以完全說明：

（A）這兩位聖人對天主之愛都具有深刻的意識、忠於默觀祈禱、超脫的精神、慷慨實踐手足之情的友愛與使徒工作。

（B）接著提及瑪利亞是所有加爾默羅會士的模範。禮儀中繼續說：「願榮福童貞瑪利亞成為你（們）獻身的模範，願她經常守護你（們）。」

（C）聖衣。禮儀正式的部分包括佩戴聖母的聖衣。降福聖衣的禱文是：「請恩准他（她）穿上這聖衣，作為向天主之母奉獻的標記，並逐漸相似她的聖子耶穌基督。」

典禮以主禮神父「歡迎你（們）進入陶成期」為結束。神父祈求天主「以祂的恩寵使你（們）日益茁壯，並願基督成為你（們）的導師和光明。」

結論

我認為，如果你花些日子來準備這個禮儀，如果你關心這件事並且放在主耶穌面前，那麼，你可以確定，當這日子來臨時，你已做了適當的準備。天主的恩寵與愛情將常與你同在。

08

加爾默羅在俗修會望會者 敲門、尋求與發問

本章作者
加爾默羅在俗成員
瑪利・珍妮娜克
Marie Janinek OCDS

Aspirants Knock, Seek, and Ask Questions

望會者懷著很大的熱誠接近加爾默羅會，希望知道「關於修會的一切」。他們問：到底什麼是在俗會？它適合我嗎？我要怎樣成為其中的一員？團體對我會有什麼樣的期待？

上述以及其他的問題，可以在《加爾默羅在俗會生活規章》和進一步闡釋的《生活規章釋義》中找到正式而正確的答案。這兩本書在多數加爾默羅會院都有，設在 St. Joseph, Monastery, Old Street Road, Peterborough, N.H. 03458 USA 的在俗會中心辦公室當然也有。任何認真探究者，都應取得這兩本書，並徹底予以研讀。以下是望會者問得最多的問題，以及對這些問題所作的簡短答覆：

問：什麼是加爾默羅在俗會？

答：會規的第一條回答了這個問題。這一條稍微改寫就是：加爾默羅在俗會是一個信友的團體，他們按照加爾默羅會的精神與理想，在俗世接受聖召追求基督徒的成全。其中所強調的是（1）聖召（2）生活在俗世（3）追隨加爾默羅會的精神，就是經由內在的祈禱，努力地與基督親密地結合。

每一個在俗會都是修會母會的一部分，其真實性出於聖座的法定認可。其成員的生活方式也由教宗承認的會規來指導。

加爾默羅山聖母第三會（在俗會的舊稱）由加爾默羅會總會長若望．穌雷（John Soreth）所創立，一四五二年由教宗尼閣五世（Nicholas V）批准。穌雷根據聖雅爾伯（St. Albert）會規，起草了最初的第三會會規；第一會（男修會）的會規是以聖亞爾伯會規為基礎，其明顯的特點是持續不斷的祈禱。十六世紀，因著聖女大德蘭的改革，加爾默羅會成了獨立的修會時，他們也獲得授權，擁有自己的在俗會。為了盡可能配合成員生活的世俗環境，會規曾多次更新，最近的修訂版於一九七九年獲得羅馬批准。

問：在俗會真的是加爾默羅會的一部分嗎？

答：我們的會規清楚地說明在俗會是「加爾默羅家庭不可分的一部

分；因此它的成員是該會的子女。」換言之，我們和修會的神父、修士與隱修女一樣，真的是加爾默羅會成員，和他們一起分享共同的祈禱聖召，並追求成聖。身為同一家庭的成員，我們有權要求修會中的其他成員，在靈修方面給予協助和指導。反過來，第一會和第二會也依靠我們的祈禱、甚至善表和其他所能提供的支持。

問：為什麼稱為「赤足」修會？

答：「赤足」表面上是「不穿鞋子」的意思。這個語詞是聖女大德蘭時代通俗的說法，意指一個修會改革後，接受更嚴格的獻身生活方式。這些修會的成員赤著腳行走，或穿著某種樣式的涼鞋。由於伯鐸・亞爾剛大拉（Peter of Alcantara）常到亞味拉探訪聖女大德蘭，赤足這個語詞在亞味拉別具深義。伯鐸・亞爾剛大拉也創立了赤足方濟會，此一修會不久即告式微，主要乃由於對其成員的要求過分嚴格，加上做補贖不明智。

一五六二年八月廿四日，大德蘭創立了聖若瑟革新隱院，修女們在院內穿著草繩編的拖鞋，她們因而以「赤足加爾默羅會士」著稱。

問：進入在俗會需具備什麼資格？

答：會規說：「凡屬教會成員，蒙主召叫，沒有障礙，誠懇地接受他個人的聖召，及在俗會提供的生活規章，即可申請加入一個團體。」地方法規也規定次要的資格。

我願說，最重要的是，這個人對會規所推薦的靈修生活，應受其強烈的吸引，那才是一個聖召，並且應當有時間與天主規律相處。此外，也要有顯示出來的記號，這人正在認真地考慮，願意作終身的承諾。換句話說，他不只是出於好奇，或尋求經驗，或所謂的自我實現而來「逛一逛」而已。

一般而言，申請者必須至少年滿十八歲，是一個活躍而名聲良好的天主教徒，而且不是其他在俗會的成員。如果真的屬於其他在俗會，則必須在考慮獲得入會申請前，已有一份該會解除其身分的文件。因為任何在俗會的聖召都是件嚴肅的事，不應該隨便取消。

任何一個對修會有興趣的人，在正式提出入會申請之前，應該參加三到六次的特別課程，藉以瞭解會規，並考察其追求此聖召的興趣。團體也需要私下和神師會談，並與參議會要舉行非正式會議，評估申請者的聖召強度，確定他是否已準備好入會，並且要確知他的性情有助於團體的利益。最後一步，需經參議會的同意和神師的認可，才能成為初學生，接受為期兩年的陶成課程。

問：為什麼一個人不可以屬於兩個以上的在俗會？如果屬於一個好，兩個不是更好嗎？

答：一個在俗會的聖召是蒙召度一種獨特的生活方式。既然沒有兩個在俗會具有相同的目標、方針及責任，處於兩種完全承諾的要求之間，會使人分裂，不可避免地會變得沮喪，或是兩邊都放棄，或是無法真正奉獻給其中的一個。因此，一個人若已屬於一個在俗會，並且真正愛它，就該留在那個在俗會，否則就該做個清楚的了斷，重新全心投入他真正感到歸屬的加爾默羅在俗會。

問：什麼是加爾默羅會在俗成員的義務？

答：加爾默羅會在俗成員有三個主要的義務（1）穿修會的會衣，亦即佩戴加爾默羅棕色聖衣，作為獻身於聖母之修會的標記。如果有正當理由，不需要特別的准許，可用聖牌代替聖衣。（2）誦念教會大日課、晨禱和晚禱（早課和晚課）；如果可能，在就寢前誦念夜禱（終課）。（3）每天至少半小時作靜默的心禱，可以一次做完，或分成兩次，每次十五分鐘。心禱最重要，因為是構成加爾默羅會的本質因素。

此外，加爾默羅會在俗成員，只要可能，要每天參與彌撒，特別敬禮聖母瑪利亞；固定閱讀靈修書籍，尤其是聖經和加爾默羅會的著作；培養超脫的精神——這不在於拋棄事物，而是放棄私意與棄絕自我；實踐愛德，彼此相親相愛，參與教會的使徒工作。

忠實地參加每個月的團體聚會，這是一個重要的要求，在聚會時我們為聖召做有形的見證，獲得靈性的支持，以之堅持並促進和主耶穌的友誼，以表樣與關愛的實際行動幫助兄弟姊妹。

問：為什麼要成為加爾默羅在俗會成員？我不能只做個好基督徒而不加入在俗會嗎？

答：為了追求並在聖德上成長，並不是非加入在俗會不可的。每一個基督徒，因著領洗已經蒙召致力於成聖。然而，單靠自己，前進並不容易，我們需要確實的計劃，以及經常的鼓勵和鞭策，幫助我們堅持不懈，並繼續前進。可以說，我們需要專業的協助，這就是修會之所以如此重要的所在。修會已培育了幾世紀以來的靈修生活，修會給我們靈修遺產的益處，這遺產造就了世世代代的聖人。當然，能加入一個強烈吸引我們的在俗會是很重要的。加爾默羅會的靈修是根植於福音，透過安靜、默觀祈禱的生活，吸引人歸向天主。會規只有一個目的：略述一種生活方式，這生活專注於基督的親密友誼。如果這就是我們所尋求的，那麼　已經找到加爾默羅會的我們，真是最幸運的！

問：我們都有個人特別喜愛的晨禱和晚禱，為什麼不能取代大日課？

答：大日課是教會的正式祈禱，包括有啟發性的禱文和選自新、舊約的讀經。祈禱不是要尋求自己的喜好，而是要日益接近天主的心——按照天主要我們祈禱的方式來祈禱；以主耶穌親自祈禱的禱文來祈禱。日課的內容所帶給我們的靈性發展與成熟，在他處是找不到的。此外，日課還帶領我們與整個教會的祈禱結合。

日課的目的在於聖化每一天。晨禱（早課）主要是讚頌的祈禱，盡可能一起床就誦念。晨禱的主題是開端語：「上主，求祢開啟我的口，我的口要讚美祢。」晚禱（晚課）聖化一天將盡的時光，在黃昏或傍晚誦念。理想上所有的時辰祈禱都應共同誦念，但為晚課特別如此　因其紀念吾主和宗徒們最後晚餐的相聚。夜禱（夜課）聖化一天中最後的時光，應在就寢前誦念。誦念夜禱不是加爾默羅在俗會成員的本分，但極其推薦夜禱。

問：「心禱」和「默觀」這兩個詞很嚇人，聽起來高不可攀又很難懂，我懷疑心禱是否遠超我能力之所及。

答：*心禱是崇高的，但並非遙不可及。*聖女大德蘭告訴我們，心禱是和愛我們的那一位談心。相愛的人彼此說些什麼？如何互動來往？他們的反應端看愛的程度而定……先說一句簡短的話，然後再說一句，再一句……直到言語不足，竟至不需要，只要彼此面對面就很喜樂。

和那位愛我們比任何人都深的天主談心，也是這樣。祂點燃心靈，使我們回報這份愛。以聖奧斯定的話來說：*我們的心除非最後安息在祢內，不得安歇*。

心禱並非把我們約束在陳腔濫調或別人設計的話語中，而使我們能自由地以愛之歌傾訴內心，然後滿足地憩息，投入天主慈愛的擁抱中。

如果領悟到，真正的祈禱不是使自己讓人聽見，而是使自己傾心留神，也許心禱會容易些。天主對我們之所是、所需及我們所願對祂講的話，知道得比我們還清楚。對我們而言，重要的是聆聽祂要對我們說什麼；或者，也許每天幾分鐘的心禱，只靜靜地安息在我們內，祂也會很滿足。

問：許諾願和聖願有什麼不同？

答：許諾願是按照赤足加爾默羅在俗會的會規，獻身於尋求成全的神貧、貞潔、服從和福音勸諭中的真福。於為期兩年的陶成期滿後，初學生宣發為期三年的暫諾願，暫諾願期滿後，宣發終身許諾願。

宣發終身許諾願一年後，可以請求宣發貞潔與服從的聖願。這兩個聖願的解釋和許諾願相同，唯一不同的，是聖願增加虔誠事主的功勞。會規中說：「他們實行一種更完整的自我奉獻，因此也負起更大的道德責任。」

在宣發許諾願和聖願之間安排的這一段時間，為能更認真地考慮誓發聖願，藉此我們更深地獻身於加爾默羅會的聖召，遵守貞潔和服從，這該是推動一個人考慮發聖願的顯著動機。

聖願對於身為有充分資格的成員身分並無影響，使我們取得成員資格的是許諾願。事實上，我們修會是唯一允許在俗成員發聖願的，其他修會的在俗成員僅宣發許諾願。

總之，遵照加爾默羅會規中的理想，許諾願及更進一步的聖願，都是建立穩固而永久的承諾，努力追求福音的成全。假使成員離開修會，其許諾願和聖願就自動解除。無論如何許，正如不應輕率地發許諾願或聖願，也不應無重大原因而不加理會，只與神師慎重談過一次話並通知參議會後就置諸一旁。

問：我可以入會卻不參加每個月的聚會嗎？

答：可以，但是只要能為極重大的理由。你可以成為一個「獨立」成員，不加入團體、只經由位於新罕布夏州的聖彼得堡（Peterboroug, N.H.）在俗會中心和修會聯絡。這條路只應視為最後的手段。此一設想最初是為那些沒有好機會住在團體附近或因某種殘障，可能是身體的殘障，嚴重妨礙其參加團體生活的人。

藉每個月的團體聚會、幾天的回顧，和退省有如一個團體聚在一起，是最開放及我們可採用最完全的加爾默羅會做法，及活出我們聖召的方法。能夠一起祈禱，聆聽一位加爾默羅會神父、修士或修女特別為我們準備的談話，並且被我們在俗會兄弟姊妹的愛與善表所圍繞，是多大的福氣啊！隨著歲月推移，你會越來越明白這特恩是多麼美妙。一般而言，參加每個月的聚會意謂著來到加爾默羅會院就是回到家[1]，並以一種特別的方式「登上主的家」。

我最迫切的忠告的是：當最豐富的宴席擺在面前時，不要只滿足於聖召的碎屑。

問：我知道關於加爾默羅會的一切，並堅信自己有在俗會的聖召，為什麼不能立即被收納（或發願）？

答：只有知識並不是收納或發願為加爾默羅在俗會成員的充分條件。望會期的目的，在於幫助我們把知識化為行動，把我們轉化為真正的加爾默羅會成員。兩年初學陶成更是如此。光在腦袋裡有加爾默羅會是不夠的，

1 在此說明，在本文作者所在地，每月聚會是在修院舉行，但在台灣只有新竹分會是在男修院所在之處聚會。

一定要在心中並在生活的每一個面向中都有才行。再者，尚未經過參議會和神師的同意及獲得修會的核准，我們的聖召在還沒有落實之前，祇不過是個模糊的想法和熱望而已。

這樣嚴肅的聖召要求謙遜，及承認知識和實行之間有道寬大的鴻溝。我們需要將所有能得到的時間和幫助用來消化知識，並在我們的生活中，使加爾默羅會的精神個人化。事實上，這真正是一輩子的工作。即使是「小花」（聖女小德蘭），早就妥善準備邁向成聖之境，但在發願之前，也得等待比正常初學期更長的時間。這是件令她失望的事，然而她體認到：順服天主的旨意，比做個發願修女來侍奉祂，更能取悅祂。

問：加爾默羅會的徽章有何象徵意義？

答：（請參見本書封底折耳）徽章上最醒目的是一座山和三顆星。棕色的山，當然表示在巴勒斯坦的加爾默羅山，那裡是修會的發源地，同時象徵修會的崇高神恩：切望經由祈禱和默觀來與天主結合。最低的一顆星，是銀色的，代表海星榮福童貞瑪利亞。兩顆較高的星，是金色的，代表厄里亞和厄里叟兩位先知，加爾默羅會的會父。這三顆星指出了修會的瑪利亞特色，以及基督降生前的厄里亞淵源。

這三顆星也代表加爾默羅會的三個時期：最早的是先知時期，從厄里亞先知時代到洗者若翰時代；第二個時期或是希臘時期，在此期間修會遍傳東、西方，是從洗者若翰時代到修會第一位拉丁總會長柏梭德（Berthold）的時代；第三個時期，是從柏梭德總會長的時代到現在。

在包含山和三顆星的盾牌上端，是一個有五朵花的皇冠，有十二顆星圍繞，象徵聖母瑪利亞，因為加爾默羅會是她的修會。皇冠上面有一隻揮著火劍的手臂，象徵厄里亞的熾烈精神，燃燒著他對上主天主的熱誠。飄帶上有出自厄里亞之言的修會銘文：「我為萬軍的上主憂心如焚」（*ZELO, ZELATUS SUM, PRO DOMINO DEO EXERCITUUM*）。

十六世紀時，聖十字若望加上山頂上的十字架，作為識別赤足加爾默羅會的標記。

問：是否可以對我們談一談聖女大德蘭和她對加爾默羅會的改革？

答：若要詳談聖會母和她改革修會的工作，必定長篇大論。凡對加爾默羅會有興趣的人，都應讀一些關於她的書，尤其是談及她深奧靈修不朽之作，特別是她寫的《自傳》、《全德之路》、《建院記》以及她的經典之作《靈心城堡》[2]。

大德蘭是家裡十二個孩子中的老三，一五一五年三月廿八日生於富裕的西班牙家庭，距離亞味拉十三英哩的一個村莊。自幼成長在嚴格的宗教家庭氣氛中。十四歲時母親過世。一五三五年十一月二日，二十歲的德蘭．奧瑪達．賽佩達（Teresa Ahumada y Cepeda）進入位於亞味拉加爾默羅會降生隱院。她入會成為修會新紀元的開端。

聖女大德蘭發願不久，重病初癒，在病中讀到《靈修初步》（*The Third Spiritual Alphabet*）一書，開啟了她進入心禱的新境界。後來她為心禱下的定義為「一種親密的友誼，經常和祂談心，我們知道祂是愛我們的天主。」如此播下的種子，後來發展成熱烈祈禱的生命，深深切望與天主

2 聖女大德蘭的上述著作都已譯出，由星火文化出版。

結合，此乃聖女經由加爾默羅會留傳給教會的遺產。

降生隱修院中的修道生活失去應有的表現，原本該是獨居、靜默祈禱的地方，卻成了十足的社交中心，損害院中一百八十位修女的靈修進展。大德蘭三十八歲時，體驗到「回歸」的恩惠，退出這些社交活動，她的靈魂向天主的恩寵敞開，獲得了非凡的神祕祈禱之恩。

在降生隱院中許多年之後，一五六二年八月廿四日，大德蘭回應天主的啟發，在亞味拉建立了聖若瑟隱修院。這是一個小小的修女團體，人數不超過十三人，嚴格奉行原初非緩和的加爾默羅會規。這是個嚴格的隱修院，嚴守靜默與極度的貧窮。修女們穿著粗糙的會衣和涼鞋，因而被稱為「赤足的」（字意為不穿鞋）。

大德蘭只打算建立一座隱院，在那兒度加爾默羅會的真正默觀生活。然而在建立聖若瑟隱院四年之後，她再度受到聖神推動，不僅建立了許多修女院，男會士的改革也隨之展開。

大德蘭非常特別，通常改革男修會都是男士，但她卻是唯一的女士。

在這項工作上，祂有幸得到一位小她二十七歲的年輕會士——聖十字若望的支持。聖女具有組織革新的天才，又有迷人性格，易於得到所需的批准和贊助。聖十字若望則是完全獻身並忠於加爾默羅原初理想的化身，他是獻身於克修、超脫與深度祕修生活的堡壘。

大德蘭的改革新修會日益興盛，但是她原先所在的降生隱院則處於不斷衰退中。為解決問題，宗座視察員命令大德蘭回到降生隱院擔任三年的院長。大德蘭很不放心，深恐修女們認為指派一位赤足的修女擔任院長，是一種對個人的非難。在這段艱難的起始之後，很需要大德蘭全心的祈禱、說服力與個人魅力來贏得修女們。

大德蘭瞭解，若真要改革降生隱院，她需要一位特別的神師，協助她幫助修女們。聖女決定請十字若望，她對修女們說：「我為妳們請來一位告解神師，他是個聖人。」十字若望於一五二七年來到降生隱院，那時大德蘭的院長任期還有兩年，這是他們兩人密切合作的時光，也是會父和會母畢生中攜手合作僅有的兩年，雙方都從經驗中蒙受很大的益處。

三年任期屆滿，大德蘭離開降生隱院，繼續改革修會的大業。最後，在布格斯（Burgos）創立了第十七座隱修院時，大德蘭因末期癌症而身殘力竭、痛苦不堪，遂動身返回亞味拉，好能在她最鍾愛的聖若瑟隱院去世。然而，她的身體狀況迅速惡化，當她到達多爾美斯的奧爾巴（Alba de Tormes）會院時，已體力耗竭。雖然修女們悉心照顧，兩星期後，於一五八二年十月四日會母病逝於奧爾巴會院，享年六十七歲。

耶穌德蘭於一六一四年列真福品，並於一六二二年列聖品。一九七〇年，她成為第一位榮獲教會聖師的女性，得到靈修之母的榮銜。

09 你怎麼克服反對？

本章作者
加爾默羅在俗成員
詹姆斯．卡尼
James T. Carney OCDS

Opposition
—How Do You Hope?

想像一下，你剛從一個特別感人的加爾默羅會避靜回到家⋯演講真的棒極了！你熱烈的再次肯定自己的加爾默羅在俗會的聖召，你有一些好動心的神慰，正迫不及待地想和家人分享這一切⋯。但是相反地，你的喜樂被潑了冷水，首先是反對，然後是發怒而非理解，最後是痛苦和心碎。或者，如果你比較幸運，所遭遇的只是冷淡的漠不關心！

「反對」是加爾默羅會在俗成員必須面對的困難問題之一，而這是相當常見的。這樣的反對可能來自丈夫、妻子、父母親、子女，甚至教會中的某個人。由於他們只是從外表觀看加爾默羅在俗會成員的聖召，這對他們全然是個奧祕，我們生命中這個很有力的部分，他們就是無法瞭解。任何不能與人分享的奧祕，很容易成為憤怒、嫉妒或敵意的緣由，甚至連這反對的思想，也足以帶給必須面對者不愉快的感受。但是你如何能妥善處理呢？

最基本的訊息在福音裡，在耶穌的善表和言語中，但是很難把它們全都提示出來。你的情緒容易使你盲目，使致用你的反對來澄清問題，就像耶穌與胎生的瞎子（《若望福音》九），而這個問題對與你如此親近的人，有時是完全無知的，這樣做會是你的責任嗎？或者你該像耶穌在最後晚餐時所作的，脫下外衣（自我和驕傲的外衣）為他洗腳嗎？這是一條難走的路，但那確實是天主，愛你的天主，把你的腳放在這條路上，要求你走的這條路。

如果你想避開這類的問題，遠離那造成此局面的人，那麼你也可能在逃避天主的旨意。當伯多祿要諫責耶穌想到有關受苦的事時，耶穌責備他說：「退到我後面去！因為你所體會的，不是天主的事，而是人的事。」（《馬爾谷福音》八33）當時是很難瞭解的，但是天主用這樣的衝突和考驗讓我們成長。那位把困難加給我們的人，無意中成為天主用來修剪我們的工具，使我們變得柔順、開放和謙遜。

我們的聖召可能會是痛苦的，大德蘭和十字若望都曾說，沒有痛苦就不可能在神修上成長…但我們總看不出那些考驗的目的何在？我們停留在孩童時被扭曲的觀念中，以為唯一真正的受苦是火刑或穿苦衣。然而，這種反對，就像寂寞和空虛一樣，是一種非常真實的痛苦，不是我們為自己選擇的那種，而是更好的受苦。神修成熟的人，甚至能為這些而感謝天主！誰比那和耶穌一起受苦的人與祂更親密呢？

如果我們想肖似耶穌，我們必須記住，祂也遭到許多反對，不僅是來自當時的宗教領袖、法利賽人與法學士，也來自家鄉相識的人與朋友，甚至他自己的家族和親戚。「當祂的親戚聽到此事，就出來要抓祂，認為祂瘋了。」（《馬爾谷福音》三21）「祂從那地區起身，來到自己的家鄉⋯⋯開始在會堂裡施教⋯⋯他們說：這個人從那裏得到這一切呢？他們都不能接受祂。」（《馬爾谷福音》六1－3）

所以，如果耶穌當時有那麼多人反對，聖女大德蘭也受到修會長上及羅馬當局的反對，難道我們還期待一切可能的尊重嗎？

如何回應對立？

我們中大部分人喜歡看到自己回應對立，如同華特．米堤（Walter Mitty）[1]的一個白日夢所描述的那樣：「彷彿勇敢的船長與船一同沉沒，水剛開始淹沒我們的腳，冷靜、尊貴、神聖而高雅。」但事實上通常不是這麼一回事！我們大概都會置身於情緒風暴的中心，生氣、受傷、軟弱、迷惑、內心充滿慌亂……我們勢必與「和對方扯平」的誘惑奮戰，或使用其他更巧妙的整人方式。

對立的局面是很難處理的，我們如何能對抗暴風雨而期望獲勝呢？雖然如此，下面幾點能夠有所幫助：

1. **我們必須從完全的誠實開始**。必須願意看到我們自己的缺點，對他人話中真理的成分開放，以上這兩個德行都不是很容易或很快就有用的。

1 此為小說《華特．米提的白日夢》主人翁，本書於1939年出版，首度於1947年改編為電影，後來二度搬上大螢幕，《白日夢冒險王》於2013年上映。

2.在「暴風雨」中試著祈禱，之後也如此。只用一句短誦，或甚至只用一個單詞，如：「耶穌…」不要求天主幫你打倒反對你的人，因為天主也愛他。只求天主的助祐！

時時重複這樣的短禱，會幫你在正確的神修方向上，至少在你存在的深處站穩。這種立場似乎微不足道，對你的行為和感覺似乎也未產生速效，但是這意謂著，至少有一小小部分的你屬於天主，而不屬於你的忿怒情緒。假以時日，這個立場，即你在壓力中對天主的交託，將會成長。

3.試著去「回應」，而不要衝動反應。你若回應他人的批評，得設法和侮辱的第一個衝突保持距離。你要衡量所處的情況。是什麼使得他那麼氣我？他累嗎？失望嗎？他今天過得不順心嗎？或許是我激怒了他，也許我太傲慢了…衝動地回應是明智的嗎？或者我該等他氣消以後再說…經由這樣的自問，我對人、對情況的有了洞見，我可能逐漸能做出智慧的回應。

《宗教與人格》[2]（阿德瑞恩．馮．剛 Adrian van Kaam[3] 著）

---

2 *Religion and Personality*

3 1920-2007，荷蘭天主教神父、神學家、心理學家、教授。

4.記住，你是個凡人，即使你盡力保持良好的風度，仍可能會一敗塗地。對自己承認這一點，把你的軟弱交託給天主，然後總由「重新開始」的角度去想，就像沙漠隱士聖安當所說的：「進步在於重新開始。」

5.試著不要去計劃衝突的對策，讓天主聖神自由地工作，別擋住祂的路。在我們看來似乎是失敗的，卻往往卻是勝利。

6.聖女小德蘭在她的《自傳》中承認自己的脾氣不好，你可能願意效法她解決衝突和對立的一個方法：當她把持不住快要爆發時，最後一招總是溜之大吉。「我沒有足夠的德行聽任自己被人指控而不發一言，救我的最後一招就是逃走…想到就做，我離開…。」

對他，也要試著保持正確的態度和觀點。我們很容易在許多方面陷入為自己設立的陷阱：

切記！不可蠻橫！別對他說教，這不過是你自己的驕傲在膨脹、在喧嘩罷了！耶穌派遣我們去服務，而非矯正他人（除非我們以愛的榜樣去做）。「當我因固執並汲汲營營於自我的成聖時，我既聽不到裡面自我中心的高鳴，也聽不到心靈深處靜默的恩寵低語。我失去了對這聲音的敏感度，也不能靜聽情境所傳達的微妙訊息。我的頑固把我鎖定在一件事上，即我的自我理想化的神聖完美形像。」《宗教與人格》（Adrian van Kaam 著）

不要因為你強有力的「宗教」情操，就把他從感情和生活中驅逐出境。遲早，無私（非自私）的愛要征服一切。

當暴風雨平息時，切記要原諒他！內心的態度和外在回應的方式都要表示出對他的寬恕。要記住，當伯鐸問耶穌是否要寬恕得罪他的人七次時，耶穌說：「不是七次，而是七十個七次。」（《瑪竇福音》十八21－22）

耶穌也說：「求祢寬恕我們的罪過，如同我們寬恕別人一樣。」我們寬恕彼此的侵犯或罪過，是靠相互開放、願意去聽、去相信、去回應別人所說的真象，即使他所說的，因氣憤或粗暴而顯得一時難以理解。

最後，要知道，雖然聽來似乎奇怪，這卻是你淨化過程中的一部分。如果你試著正確地回應，那將使你更接近天主和祂的「受苦的僕人」。

記得有個年輕人幫獅子拔出掌中之刺的寓言嗎？獅子因這人的慈悲行為而化敵為友，這也會發生在你和反對你的人身上。如果他只是對你強烈的興趣缺乏安全感，你愛的答覆會向他表示你無條件地愛他，這就是耶穌向我們所要求的全部的愛，我們要特別設法聆聽他。

我們都比外在所表現出來的敏感、容易受傷得多。想想反對你的人，就像下面這首「豪豬的祈禱」中，我們的四足獸朋友說的：

主啊！
讓他們知道，我的自衛也是自我孤立。
幫助他們看透我的外表。
外表下的我真是很溫柔。

（摘自《沙漠呼聲》雜誌，一九七三）

如果妨礙我的聖召怎麼辦？

另外一個令人困惑的問題，會導致你極度的苦惱：「如果這個反對妨礙我的聖召，要怎麼辦？」

顯然，要成為一個加爾默羅會士，你必須能在生活中找時間祈禱，把會規生活出來。所幸，天主給我們聖召時，祂也給我們方法和聖寵來跟隨它。但祂並沒有說這是件容易的事。天主利用生活中的風暴和衝突，使我們在靈修上成長。就如大德蘭所說的：「愛天主的人，任何事對他都是恩寵。」或許我們該說：「凡事都能夠是個恩寵，如果你能善用它的話。」

說你顯然應該為對立的局面祈禱，這話聽起來有點愚蠢，但是我們常常沒有在正確的方向上去想這個問題。我們不該大事祈求讓反對消失，而該祈求如何從中尋找並追隨天主的旨意。我們有很多「內心的藩籬」（錯誤或嚴厲的態度、有駕馭傾向的驕傲等等）需要修正，而天主可能利用這樣的對立，為我們指出，並予以修正。

你一定也要尊重反對者的信念，他說的話中可能有相當程度的真理，在你比較平靜的時刻，探索它！很多聖人的不成全得以淨化，就是經由嚴苛的初學導師。嚴苛誠然不好，但淨化卻是好的！不要期待很快看到整個真理（及他所見的），這需要很長的時間。

最後，如果有了這些恰當的態度，你還可以做些實際的事。

首先，努力保持低調。重要的是把會規活出來，至於你念日課或祈禱等等，他人是否看到並不重要。如果你的信念和生活方式招致自己的親人反對，這一部分盡量不要讓他看到。要是你致力於強調彼此間共同享有的事，當然更能感動他。很有希望，時候一到，他會看到你的加爾默羅會生活方式對他不是威脅，反而使你的愛成長。

想辦法在一天或一星期中，找出他與你周圍的人不需要你的時間，利用這樣的時段來祈禱及念日課。你利用零星時間會有貧窮感，也會有犧牲感。如果很難找到時間祈禱，何不效法耶穌，在別人起床以前的黎明來做。「清晨，天還很黑，祂就起身出去，到荒野的地方，在那裡祈禱。」（《馬爾谷福音》一35）你的孤獨之所，可能是你的客廳，或只是某處一個安靜的角落。

或者，你可以在晚上祈禱。夜深時可能你還清醒或有時起身片刻，或做一次守夜祈禱，當你四周的世界相當安靜時，是很好的祈禱時刻。寧靜本身讓你覺得離天主很近，白天的煩擾與掛慮似乎離你遠去。也許你可以養成習慣早一點就寢，或白天某個時間小睡片刻來補充不足的睡眠。

當然，並非只有那些獨處的時間可以利用，只要你能夠在生活中找到安靜的時刻都行。當你是一家之主時，也能有規律的時間，或在你的工作中，可以放棄休息時間，讓自己寧靜片刻。甚或在外出購物或下班回家的路上，你可停下來進入一間教堂祈禱。細心地尋找這樣的時刻，主耶穌在那裡等待著你！讓你的靜默融入祂的靜默，讓你的愛融入祂的大愛。

你可能參加聚會也有困難，如果是這樣的話，首先要記住的是「不要為這件事煩惱」，把它交在天主手中。這可能也是淨化的一部分。所需的犧牲，長期下來，可能對你是神修上很大的助益。把你的處境告訴會議的主席和神師，溫和地，不要苦惱或粗暴，好使他們了解為什麼你不能經常出席。如果你幾乎每次都得缺席，告訴他們把你列入「獨立成員」。再一次提醒你，不要煩惱，即使你不能看見你的神修道路，天主能看得見。信賴祂！

最後，如果你無法在家中分享你的靈修理想，定期和你的加爾默羅會同伴分享是很重要的！如果你無法參加開會，定期和會內的弟兄或姊妹通信或通電話，不必說什麼深奧的事，只要和他們保持聯絡，說幾句話，讓你知道我們其他人的關心，這對你會很不一樣。關懷和支持是你所接受加爾默羅在俗會聖召恩賜的一部分，只要「求」，你就會得到。

結語

不要判斷反對你的人，雖然這是常有的誘惑。絕不要這麼做，看看你已有的收獲：

我們加爾默羅會的聖召是一個恩賜，純潔又單純⋯⋯它要求我們對天主的召喚做深度的個人回應，這回應引導我們更親密地完全獻身於天主，祂也把自己獻給我們。要意識到這份驚人的恩賜，是個別召叫與祂有親密的關係，要知道這是大多數你所遇到的人所沒有的！這是在你我的貧乏和一切錯誤中，永遠不能賺得的恩賜，因為對於我們所獲得的一切，我們很容易發現，比起信仰甚淺或全無正式宗教信仰的人，他們更是寬容、有愛心，而且遠超過我們。

那個反對你的人，可能在早年的生活中有過艱苦的歲月，阻斷了他信仰和人際關係的成長，使之無法完全成熟。他可能需要大量的愛和容忍，一個有愛心的人，懷著愛的機智和無限的耐心，能夠彌補他所錯過的愛，並給他所需要的幫助。他可能用不合理甚至卑鄙的方法，來考驗你的耐心，並讓你受苦，因為他對愛以及人的關懷是那麼不信任，在他生命中，從未經驗到別人能無條件地關心他；唯有他真的體驗到，無論是過錯或什麼，他仍然被接納，這時他才能超越自己，成為一個真實的、付出愛及寬容的

人。《宗教與人格》（Adrian van Kaam 著）

繼續愛，別管差異！愛會逐漸使你和他在差異中更親密。如果他看到你這方面的愛，他會改變，但只在他自己的時間內⋯我們都只能在愛的氣憤中成長茁壯，聖十字若望曾說：「哪裡沒有愛，給予愛，你就會找到愛。」我們都蒙召，在祈禱、犧牲及與天主親密的生活中，和耶穌一起去愛並服務他人。難道我們不該從這位反對我們、卻仍和我們如此親近的人身上開始嗎？

記住，真正的修道者都不是頑固的、道德的超人，而是謙虛的聖善牧人。這是你我蒙召去成就的！聖化我們這小小一部分的宇宙是我們的工作，不是靠征服，而是靠保護它聖善的一面！就像牧人很平安地照顧他的羊群，同樣，我們要在周圍的世人、世事、世物上，看到天主的臨在。

看到這個神聖的憧憬不會消失，是我們的職責。但願我們能善盡這個本分；但願我們的燈常燃，我們的愛點亮周圍黑暗的地方；但願我們學習忍耐、謙遜，並從最難的地方：在家中，與我們最親密的人開始著手吧！

跋

他們來自四面八方

主啊！為何祢要我去愛所有的人呢？

我已經試過了，但如今我回到祢的身邊，驚慌不安！

主啊！我在自己的房中是如此平安，

免受風風雨雨和泥濘的侵襲。

然而，祢卻從我的防衛中找到縫隙

主啊！祢使我微微開啟心門，

就像豪雨灑落在臉龐，人們的吶喊喚醒了我：

似一陣狂風，友誼震撼我：

猶如陽光，不期然由百葉窗的間隙呈現，

祢的恩寵已使我心神不安——

我讓心門微微開啟……

（摘自美國靈修生活學院印製的卡片）

10 祈禱生活的必備條件

本章作者
威斯康辛州聖丘分會
加爾默羅在俗成員 瑪利琳・紀維克
Marilyn Zwick OCDS

Prerequisites of a Life of Prayer

祈禱，就像任何人的互相交往，若要成果豐碩，並使祈禱者與天主間有更深的臨在感，需要具有某些必備的條件和態度。祈禱生活的最基本條件是謙遜、超脫及愛近人，而祈禱的態度則是有耐心、溫柔和堅忍。

說謙遜、超脫及愛近人是祈禱生活的必備條件，幾乎意謂著在人能度祈禱生活之前，就已表現出這些德行。實際上，是祈禱生活使我們意識到需要使這些德行成長。下面出自《路加福音》的經文中，耶穌明確定地告訴我們，那些意識到自己的軟弱和罪惡本性的人，我們的天父與他們有最好的交往。

「有二個人上聖殿去祈禱，一個是法利賽人，另一個是稅吏。那個法利賽人站立著，心裡這樣祈禱：天主，我感謝祢，因為我不像其他人，勒索、不義、姦淫，也不像這個稅吏。我每週兩次禁食，凡我所得的都捐獻十分之一。那個稅吏卻遠遠地站著，連舉目望天都不敢，只是捶著自己胸膛說：天主，可憐我這個罪人罷！我告訴你們：這人下去到他家裡，成了正義的，而那個人卻不然。因為凡高舉自己的，必被貶抑；凡貶抑自己的，

必被高舉。」（《路加福音》十八10－14）

雖然有時候看來，我們好像只針對謙遜、超脫或愛近人，努力修練其中某個德行中，但是一個德行成長時，常意謂著其他的德行也跟著成長。大德蘭在《全德之路》中告訴我們：「我不了解怎麼可能有謙遜而沒有愛，或有愛而沒有謙虛；不超脫所有受造物，也不可能具有這兩種德行。」所以，我們雖然分別討論這些德行，但要切記這三者是不可分的。

開始度祈禱生活時，我不懂默想是一種祈禱方法。我依賴外表的祈禱和天主交往，即念玫瑰經和各樣類似的方式。我藉著看聖書，主要是閱讀大德蘭的著作，我開始懂得默想，也明瞭在耶穌至聖人性的光照下，省察我人性的重要性。大德蘭說：「默想是獲得一切德行的基礎。」她甚至更進一步說：「對所有的基督徒而言，其存亡取決於做默想。」

蘇珊．慕洮（Susan Muto）在《歸鄉的旅途》一書中，告訴我們一種類似默想的方法：「單純地閱讀與專注地聆聽，是準備我們看聖書者回歸父家的態度。為了更深入領悟並活出天主聖言，我們需要發展第三種態度，

> 就是有能力反覆流連於聖經和靈修大師的著作中。這些書中的話語，因其表達某些加深靈修的基本主題，而顯出奧妙的深度，像這樣的主題，諸如在單純上成長、聆聽天父的旨意、在謙虛和超脫中空虛自我——我們還可以提出更多——都是在基督徒訓誨要目中的關鍵性主題，需要反覆深思。這些主題，猶如我們從其他海洋經歷暴風雨的探險後，返回家鄉的避風港。」

由於聖女大德蘭指出：「默想是獲致德行的基本方法。」我重讀多年來修行默想所寫的心得和禱文，我非常驚訝這些默想竟常以德行為中心，特別是謙虛、超脫及愛近人，這三項我視為祈禱必備的基本德行。大德蘭提出這些必備條件是祈禱的基石。

耶穌在《聖路加福音》中告訴我們：「凡到我跟前，聽了我的道理而實行的，我要給你們指出，他相似什麼。他相似一個建築房屋的人，掘地深挖，把基礎立在磐石上，洪水爆發時，大水沖擊那座房屋，而不能動搖它，因為它建築得好。但那聽了而不實行的，相似那在平地上不打基礎而建築房屋的人。洪水一沖擊，那房屋立刻傾倒，且破壞得很慘。」（《路加福音》六47－49）德行構成基礎，我們的祈禱生活建立於其上，並成長茁莊，而默想，特別是對福音的默想，則不斷加深堅固這個基礎。

數年前，默想這一段聖經章節，使我寫出以下的話語，現在當我們開始討論謙虛時，我要和你們分享：謙虛使我們順服天主的旨意，奠定信德的基礎。我們願意順服天主旨意的程度，會決定我們的基礎有多堅固，我們的信德能禁得起多猛烈的洪流。

耶穌禁得起死亡洪流的襲擊，係因祂以全部的愛順服天父的旨意。對聖女大德蘭而言，謙虛就是真理。這是我們祈禱生活賴以建立的磐石。她說：「真正謙虛的人，必滿足於天主帶領他的道路。」所以為了獲得謙虛的德行，我們必須常常努力使自己的意願符合天主的聖意。我們都知道，欣然滿意於天主引領我們的道路，往往不是那麼容易。

為了幫助我們更明白這觀念，聖女大德蘭在《全德之路》中引用瑪利亞和瑪爾大的故事，她說：「聖瑪爾大是聖女，但沒有人說她是默觀祈禱者。她獲享殊榮能有基督我們的主，經常到她家，能為祂準備食物，服侍祂，和祂同桌進食，甚至取用祂盤中的食物。而妳除了相似這有福的婦女外，還想要些什麼？如果她也如同瑪利亞那一般的專心入神，就沒有人熱情款待這位神性嘉賓了⋯把我們的修會想成瑪爾大的家，而每一種事都需要有人承擔。讓她們想到，總要有人為祂準備餐點，讓她們為自己能和瑪爾大一同服事，感到榮幸。讓她們體認真正的謙德，即是隨時待命，無論上主願意如何處置我們都滿意。而且謙虛者總是認為自己不配被稱為祂的僕人。如果默觀祈禱、修行心禱或口禱、照顧病患、幫忙家務雜事、甚至從事最低下的工作，都一樣是服侍來到我們之中，和我們一同作息娛樂的貴賓，我們或是做這或是做那，又有什麼差別呢？」（《全德》十七章）

因此，說到謙虛，我們必不可只是尋求天主對我們的旨意，為能妥當地預備好祈禱，我們必須滿足於天主為我們選擇的道路。如果我們以謙虛的精神來祈禱，天主就傳達給我們「我們是誰」的這個真理，啟發我們日益肖似祂的形像，並長成我們該有的模樣。

起初，祈禱開始影響我的生活時，我只注意超脫物質性的人或物。對我所擁有的東西懷有正確的態度並不難，因為我曉得那些都是天主所賞賜給我的，從天主愛我的的光照下看來，我所擁有的這些東西似乎不那麼重要了，與尚未開始度回應天主聖愛的生活時大不相同。

要超脫人際關係的繫絆，特別是和我們親近的人、家人及朋友，並不是那麼容易瞭解或做到，尤其是靠我們花了好多年建立起來的關係。為了使我們和耶穌的友誼到達完全捨棄和信賴的地步，需要花時間和耶穌在一起，花時間默想、學習、反省，並且在祂的臨在中，只和祂在一起。這時，本性的反應會感到相當困惑，害怕自己在生活中，對他人的愛心和敏感度減少了。

須知，依靠天主會減少我們對他人的依賴。實際上，必會使我們自由的去建立更深、更友愛、更敏感的人際關係。蘇珊・慕洮在她的《歸鄉的旅途》引用聖十字若望的話並加以評論，把我在此想要說的表達的更精闢：「十字若望在其一則〈光與愛的話語〉中說：『如果淨化你的靈魂對世物的依戀與渴望，你就會從靈性的角度來瞭解它們。如果棄絕對世物的欲求，你就會享受其中的真理，了悟其內涵。』他似乎是說，如果我們超脫事務，不以事物本身及占有它們的慾望，作為終極圓滿的根源，我們就會對事物具有屬靈的開悟，也就是說，它們如同天主創造性聖言的顯示。超脫的益處是使我們有更深的領悟，我們專注於天主的真理，如同造物主，而非迷失在受造界。專注於祂，我們會在所有的事務中感受到祂的臨在。受造物引領我們到達天主，而非把我們從天主那裡奪走。」

談到超性的事物、來自天主的特殊恩賜或神慰時，我們也可以說，上述對超脫的洞見同樣適用。靈性事物，也是願意吸引我們親近祂的天主所賜予的。然而，專注或執著於這些恩賜，會使我們無法和天主結合。

聖十字若望在他的《格言與勸諭》（*Maxims and Counsels*）中，關於超脫和祈禱生活，給我們如此的勸告：「對天主保持愛的專注，不意渴望感覺或了悟任何有關祂的個別事情。要從內心超脫萬物，不在任何事物上尋求愉悅，那麼，你的心靈便會專注於你所不知的美物。愛不在於感到偉大的事物，卻在於有大超脫，並為心愛的主受苦。超脫外在的牽絆、驅逐內在的種種、不占有天主的事物——成功既不能留住你，逆境也不能阻礙你。渴望天主完全委順於他的靈魂，必須毫無保留地完全順服天主！」

雖然要達到上述的超脫，是漫長而且有時候是痛苦的過程，但如果要使我們對天主和近人的愛增長，這是必需的。聖保祿宗徒在《哥羅森人書》中，以最美的話告訴我們愛德，及祈禱生活中愛德的重要性。「為此，你們該如天主所揀選的，所愛的聖者，穿上憐憫的心腸、仁慈、謙卑、良善和含忍。如果有人對某人有什麼怨恨的事，要彼此擔待、互相寬恕，就如主怎樣寬恕了你們，你們也要怎樣寬恕人。在這一切之上，尤其該有愛德，因為愛德是全德的聯繫。」（《哥羅森人書》三12－14）

聖保祿對格林多人談到愛的時候說：「我現在把一條更高超的道路指給你們。我若能說人間的語言和天使的語言，但我若沒有愛，我就成了發聲的鑼，或發響的鈸。我若有先知之恩，又明白一切奧祕和各種知識；我若有全備的信心，甚至能移山，但我若沒有愛，我什麼也不算。我若把所

有財產全施捨了，我若捨身投火被焚，但我若沒有愛，為我毫無益處。」（《格林多人前書》十二31～十三3）

聖保祿宗徒為我們下了愛的定義：「愛是含忍的，愛是慈祥的，愛不嫉妒，不誇張，不自大，不做無禮的事，不求己益，不動怒，不圖謀惡事，不以不義為樂，卻與真理同樂，凡事包容，凡事相信，凡事盼望，凡事忍耐。」（《格林多人前書》十三4－7）

在福音中，耶穌一再告訴我們愛近人的重要性，不管是我們的朋友還是敵人。祂不僅告訴我們，而且祂的一生就是我們彼此相愛的榜樣。至高的榜樣就是他的聖死，出於愛我們而毫無保留地獻出祂的生命！

我們對近人的愛，似乎隨著我們對天主的愛而增長。羅耀拉的聖依納爵在《神操》中指出，愛應表現在行為上，而不只是言語上，真愛包含互相交換禮物。若我們與他人分享天主所賜予的愛，由此可知，我們的祈禱生活是純真和有果實的，因為耶穌告訴過我們：「你對我最小兄弟中的一個所做的，就是對我做。」（《瑪竇福音》廿五40）「如果你們之間彼此

相親相愛，世人因此可認出你們是我的門徒。」（《若望福音》十三35）

若要我們的祈禱有好效果，愛近人是必備的德行，這確實是不難了解的。受傷的人際關係，不僅使祈禱分心，而且擾亂有效祈禱所需的合一與內在平安。聖十字若望在《光與愛的話語》中告訴我們：「生命垂暮時，你將被愛審判。學習以天主所渴望的愛去愛，放棄你自己的行為模式。」

耶穌確實知道，這種無條件的愛不容易獲得。因此，祂經常告訴我們要寬恕，並召叫我們分享祂的生命。為此之故，謙虛和超脫亦然，如聖女大德蘭所說的，花時間在默想中和耶穌在一起，是使諸德增長的最好方法。

從聖保祿給格林多教友的書信中我們知道，我們可以做一切好事，但若沒有愛，什麼也不算。之前我們討論謙虛時，我們知道，滿足於天主為我們所選的道路是多麼的重要。我們做事時所持的態度，必會影響事情發展的結果，我們的祈禱亦然。一個人若在祈禱方面沒有培養耐心、溫柔與堅忍的態度，不僅在生活的其他領域培養不出這些德行，可能也不能持續做個祈禱的人。

我們中大多數人開始蒙召度祈禱生活時，用於祈禱的時間可能是一天中最美好的時間。關於祈禱的適當態度可能從未進入腦海，因為很少分心，又加上天主的溫柔臨在，我們覺得好奇怪，為什麼有些人說祈禱要堅忍。過不了多久，大概只要幾個月過後，我們才開始瞭解到，祈禱就像愛情一般，並非總是美好的感覺。

當我第一次經驗到祈禱的乾枯時，我們的接受度大概不是最大的，甚至可能想要就此放棄。這些的感覺是正常的，承認有這些感受，恐怕是獲得耐心持續祈禱的第一步。

我是個教鋼琴的老師，從初學者的身上，我經驗到極類似的模式。剛開始的幾個月，學生都表現出很高的熱忱，只要能把幾個音符彈在一起就非常高興，無須鼓勵這些學生事後練習。幾個月之內，起初的熱度開始消退，可能是進步沒有所期望的那麼快，或是打棒球耗費了練琴的時間，或只是不再覺得像先前那麼有趣。

身為老師，我試著向他們解釋所發生的事，鼓勵他們不論喜歡與否，每天要練琴，並向他們保證目前的經驗是很自然的，不要放棄。

事實上，我做鋼琴老師的角色，和靈修導師對待認真祈禱者的角色，二者是相似的。靈修指導成為一個嚮導，一個鼓勵我的人、一個在我走調時告訴我的人，這在我們祈禱生活的初期特別重要。

培養祈禱的耐心需要時間。這也是個德行，非一蹴可幾，但會隨著祈禱的成熟而增長。祈禱中考驗耐心的是乾枯乏味、缺少安慰和感覺、分心走意、無法作默想，以及接受只花時間處於天主的臨在中。

祈禱中的這些現象不是要阻礙我們進步，然而當它們出現時，我們如果對自己或天主失去耐心，就會阻礙祈禱的進步。我再度想著大德蘭所說的，必須滿足於天主帶領我們行走的道路上。當我覺察到自己的耐心遭受考驗時，深思天主對待我們受造物的耐心，似乎有所幫助。當我的耐心減少時，耶穌對他所鍾愛的朋友和當時的猶太領袖所表達的耐心，鼓舞我奔向祂。

就像祈禱生活的必備條件（謙虛、超脫及愛近人），祈禱態度本身（耐心、溫柔及堅忍），也是互相影響並一起成長的。一個人若要獲得祈禱的耐心，必須呈現溫柔的精神。如果我們對自己嚴苛，要求太多，尚未準備好就期望完美，那麼就很容易對自己缺乏耐心。

溫柔的態度幫助我們看到自己的軟弱，幫助我們接受自己，如同天主接受我們一樣。凡在祈禱中經驗到天主是父親的人，他會知道，我們的天主是溫柔的天主。雖然我們說祂是個充滿大能和威權的天主，但我們也知道祂沒有以鐵腕來統治我們，也從未把祂的旨意強加於我們身上。相反的，祂透過我們的祈禱，邀請我們與祂建立愛的關係。我們中大多數人很難學會溫柔的態度，其原因是我們不夠愛自己，很難接受自己的樣子，而這種態度是相反於溫柔的。

耶穌生前如何對待那些不喜歡自己的人呢？例如：在他腳邊哭泣的瑪麗德蓮、井邊的婦女、三次否認祂的伯鐸。耶穌接受他們的本來面貌，祂進入他們生命的溫柔方式，改變了他們每一個人。當我們在祈禱中以本來的面貌到祂面前時，祂也同樣地接受我們每一個人。

主啊！祢要我向祢學習溫柔的心。
不管我如何背棄祢，祢的溫柔從未使我失望。
祢緩於發怒，祢的仁慈沒有止境。祢對我說：不要憂傷。
願祢的溫柔成為我的，使我的靈魂可以找到安息。
給我智慧抽出一天中的空檔，使靈魂得享溫柔的撫育。
使我免於傲慢自大，免於好高騖遠。
讓我的心靈平靜又安寧，如同慈母撫慰膝上的幼兒。
願我不求功成名就，使我的生命少些強勢，多些溫柔，唯獨專注於祢。
願祢臨在的燦爛光輝，照亮我的每一天。
使我成為祢的流暢通渠，好使祢的聖意流向人間。

阿德瑞恩·馮·剛（Adrian Van Kaam）在這篇禱文〈神修與溫柔的生命〉（*Spirituality and the Gentle Life*）中祈禱說：「使我的生命少些強勢，多些溫柔，唯獨專注於祢。」強勢是破壞溫柔的另一態度，有時候我們做父母的必須分辨一下，要孩子去做的事，是出於我們的期盼，還是因為這是孩子該當作的事。在祈禱中，如果我們以強勢硬求，向天主說這個、要那個，我們會聽不到祂要說的話。祈禱中溫柔的臨在，是一種聆聽的臨在，會使我們開放，接受天主願意啟示給我們的真理。

如果我們的祈禱是真誠的，也懷有溫柔的心神，這種轉變的成果會在和他人的關係中顯現出來。接受自己和自己的軟弱，會使我們對別人也有這種態度，我們會發現自己更愛人們本來的樣子，而不是因為我們所喜歡的樣子，並且知道，怎樣無條件地去愛人已開始在我們內生根了。

一年前我參加一個研習會，名為「為小人物的聖事」。參加的人要花一下午大部分的時間，去經驗使聖事更有意義的方法。到了一個時候，我們要在一張紙上寫一個詞，來形容我們改變的一個方法。所有的紙條都收了回去，然後再重新分發。我們要保留新得到的紙條，為寫這紙條的人祈禱。我花了很長的時間，為某人祈禱日益謙虛。我自己的紙條則寫的是「溫柔」。那時我並不懂得我所祈求的全部內涵。一年過去了，主耶穌仍繼續向我指示增長這種德行的途徑。

祈禱中的堅忍的確與耐心密切相關，因為我們若缺乏耐心，堅持不懈就會受到限制。祈禱生活中，或多或少，我們都經歷過放棄祈禱的誘惑。長期的神枯，過分專注於某個自認為已具有德行，很在乎這個德行的進步或退步，這些都會導致失望。如果沒有正確的疏導，謙虛地接受自己的軟弱，這種失望會導致使我們放棄祈禱。

雖然小德蘭英年早逝，短短幾年的塵世生命已達成全之境，雖然我們都希冀臻此高境，但對大多數的人而言，卻需要花上一輩子的時間，方能達到所追求的神化境界。耶穌開始公開生活時已年有三十。我相信度過這些隱居的年月，用意在於使祂的靈修生活成熟，很像我們經由祈禱而成熟一樣。和天父相處的時日，幫助祂認識自己。如果這是真的，耶穌就成了真正堅忍的最偉大的見證。要活出和天父旨意合一的生活，意味著祂要和當時的宗教領袖立場相反。在納匝肋那些年，祂必然恆心不懈地祈禱，但到了公開生活時，完全的信賴確實是祂堅忍的特色。

耶穌和聖母的生活中，我們知道，有時候他們並不瞭解所發生的事件。如果他們不信賴，則無法堅持下去，祈禱使他們的信賴根深柢固。當我們在祈禱生活中經驗到乾枯，或其他無法完全瞭解的事情，那時我們知道，我們的靈修已經在開始成長了。天主正允許我們靠自己的雙腳站立一陣子，祂僅以深植在我們內的信德支持我們。事實上，天主告訴我們的是，我們和祂之間的愛已經成熟，並且在信賴方面已發展到花兒盛開的地步。

為了持久祈禱，我們必虛懷著感恩和信賴的心神，接受天主在我們道路上送來的一切。

我只以一個建議來作為結論：我們繼續盡力做好每件事，以此建立和耶穌之間的個人友誼。閱讀並省思聖經和靈修大師的著作、常常領受聖事、建立以基督為中心的關係，這些都是保持祂在我們內生活和成長的方法。

如果我們專心建立和耶穌的友誼，我很確信，我們的天父必會賜下使這友誼達到完美所需的一切。

11 加爾默羅會修會歷史

引自
天主教百科全書
Catholic Encyclopedia

History of the Order

加爾默羅女隱修會

十六世紀由大德蘭在西班亞所創立，加爾默羅女修會大概是最負盛名的女隱修會。自從在亞味拉初創，加爾默羅會的改革運動已遍及全球，歷年來出了不少傑出會士。

聖女大德蘭於一五三五年，進入亞味拉的加爾默羅降生隱修院。但過了二十年後，她才開始度徹底慷慨的靈修生活。為了度更積極的奉獻生活，她的部分計畫是，請求院長許可她建立一個簡單的隱修院，在那兒少數修女可遵守原初的加爾默羅會規，並屏除當時降生隱修院的某些陋習。許多的抵制及抗拒蜂湧而來，包括修會的長上、亞味拉的教會當局及民眾，因為害怕增多一座隱院會導致當地的財務負擔。但最後，在一五六二年八月廿四日，德蘭和其他三位修女終於住進一間粉刷過的小屋子，這就成了著名的若瑟隱院。

在創立該隱院前後的許多困難中，她得到方濟會士伯鐸．亞爾剛大拉和道明會士伯鐸・伊巴涅斯（Pedro Ibanez，一五六五年去世）的大力幫助。原先大德蘭只計畫創立一個修院，但她個人所得的啟示和主教們的請求，鼓舞她建立其他的加爾默羅會隱修院。她的餘生都奔波於西班牙，致力於組織和管理這些修院。一五八二年她逝世時，已創立了十七座。到了一六〇〇年共有四十七座加爾默羅會隱修院。

大德蘭去世後，在眾修女中，真福耶穌・安納修女（Anne of Jesus）擅於領導，她在比利時布魯塞爾建立第一座隱修院。一六二二年，比利時北部的安特衛普（Antwerp）被包圍時，人們相信真福安納・聖祿茂修女（Bl. Anne of St. Bartholmew）的祈禱挽救了這個城市。一六〇四年，貴族婦女巴柏・亞卡利（Barbe Acarie，一五六六－一六一八）協助西班牙的一些修女進入法國，她是一位六個孩子的母親，丈夫逝世後，她於一六一四年進入其中一座會院，會名為瑪麗・降生（Mary of Incarnation），四年後逝世於龐多（Pontoise）會院，一七九一年列真福品。

十八世紀的真福安潔・瑪麗（Mary of the Angels）使修會增光。她出身義大利名門，一七一七年逝世於義大利都林（Turin）加爾默羅會院；聖女德蘭・麗達（St. Teresa Margaret）二十二歲逝世於佛羅倫斯加爾默羅會院；十六位康比恩（Compiegne）加爾默羅會隱修女在一七九四年法國大革命期間，登上斷頭台。一九〇六年，教宗碧岳十世封為真福品。十九世紀法國諾曼第會省里修加爾默羅會院的小德蘭，使修會大增新的光彩。她的傳記在她逝世後出版，成為最暢銷的靈修文學作品。教宗碧岳十一世稱她為現代最偉大的聖人。與小德蘭同一時代，第戎（Dijon）加爾默羅會的年輕法國修女聖三麗莎的著作[1]也吸引了相當多人的注意。

美國最早期的加爾默羅會隱院位於馬里蘭州的菸草港（Port Tobacco），一七九〇年，比利時安特衛普加爾默羅會的修女來此建院。這也是在最初的十三個殖民地中第一座女修會的會院。一八三九年，菸草港的團體遷到馬里蘭州巴提摩市（Baltimore），永久定居該處。一九六四年，美國已有六十四座隱修院。加爾默羅會隱修女已在全球各地建立隱院。據一九六一年的修會統計，登記的有七百二十七座修院，總共超過一萬五千

1 有關真福聖三麗莎的書籍譯成中文的有：一、《聖三依莉莎白修女小傳－一朵奇葩》，光啟出版社；二、《我找到了天堂》，上智出版社；三、《頌揚天主的光榮》，光啟出版社。

位修女。

一九五四年，美國加州聖克拉拉隱院的德蘭姆姆來台，創立首座加爾默羅隱院，位於新竹市西門街。之後遷到中正路，一九八一年再遷新竹縣芎林鄉定居。一九九六年成立台北教區的深坑分院。二〇二二年六月，嘉義大林再添一座女隱院。一九八二年，本會唯一的中國籍會士陳鵬神父來台，因教會各方的鼓勵贊助，終於在新竹市創始了男會院，現有多位神父屬台灣準會省。[2]

加爾默羅會隱修女的生活及工作，就是專務祈禱與補贖。因為修女獻身於為教會的工作及司鐸的聖化而祈禱，並沒有活動性的傳教工作。終身戒食肉類，且每年九月十四日起至復活節守大齋。每天在經堂詠頌日課，兩小時的默禱。修女過著退隱的禁地生活，在會客室透過格窗與訪客交談。除非參加創立新院，否則終身退隱於入會時的隱院內。

2 本段按台灣本地狀況更新至 2022 年。

加爾默羅男修會

加爾默羅山榮福童貞瑪利亞赤足兄弟會，按拉丁文拼法簡稱 OCD，萌芽於十六世紀，由亞味拉的聖女大德蘭和聖十字若望改革創始。加爾默羅會士的生活方式是復興加爾默羅會的原初會規，起源於西班牙，但很快就傳布到義大利、歐洲各國及遠方的傳教區。

革新運動

大德蘭創立革新的加爾默羅會隱院後五年，即一五六七年，經加爾默羅男修會總會長羅西（Giovanni Battista Rossi，1507-88，西語音譯為魯柏）的准許，可以創立兩座奉行《原初會規》的男會院。她在杜魯耶洛（Dueuelo）得到一小塊土地，此處剛好位於西班牙的撒拉曼加（Salamanca）和亞味拉二城中間。一五六八年十一月廿八日，第一個男修院在此正式成立。最初的成員僅有三位：基督的若瑟（Joseph of Christ）是位執事；安道・耶穌神父（Anthony of Jesua），他辭去梅地納（Medina del Campo）加爾默羅會院的院長職，成為杜魯耶洛的院長；十字若望是晉鐸才一年的年輕神父。不久之後，許多新的成員相繼加入，有些來自原來的加爾默羅會，有些是新會士。在西班牙國王斐理伯二世（Philip II）的資助下，加爾默羅會快速發展，新會院相繼興建。到了一五八二年大德蘭逝世時，已經有了十五座男會院。

大德蘭革新加爾默羅男修會，其目的是復興加爾默羅會的宗旨和修行，因為修會已在前兩個世紀漸趨鬆弛。教宗尤金四世（Eugene IV）於一四三二年批准的正式緩和會規，以及特利騰大公會議前的其他非正式緩和會規都被刪除了。恢復戒食肉類及每年九月十四日到復活節守大齋，賦予更多的時間修行靈修生活，特別是心禱。革新修會原本稱為默觀加爾默羅會，但不久即以赤足加爾默羅會而聞名，因為他們習慣穿涼鞋。相對的，舊的團體則稱為非赤足加爾默羅會。

儘管修會迅速發展，但革新運動開始時，卻面臨重重的艱難。總會長批准建立革新的會院，其條件是僅限於西班牙卡斯提境內（Castil），及在原來的加爾默羅會內進行革新。然而，赤足加爾默羅會已開始在卡斯提之外創立會省，漸漸的希望和原來的修會分開。非赤足與赤足之間的困難，在於革新活動受到雙重的教會管轄權牽制。西班牙國王菲利普二世深切關心國內各修會制定法規之事，以及從教廷批准各修會的宗座視察員。派到加爾默羅會的視察員是道明會士伯鐸・斐南德斯（Pedro Fernandez，一五八〇年去世）和方濟各・巴加斯（Franciso Vargas），他們的權力超過修會的總會長。一五七三年，巴加斯把他的特權委任給一位年輕的赤足加爾默羅會神父熱羅尼莫・古嵐清（Jerome Gratian），困難更形複雜。一五七四年古嵐清由教廷大使尼古拉・歐曼尼多（Nicolas Ormaneto，一五七七年去世）獲得更大的權力。經此特殊管轄的安排，加爾默羅會新會院的成立由古嵐清批准。古老的傳訊系統，加上雙方不清楚古嵐清的職權特性，形成緊張的對抗局勢。

一五七五年，總會在義大利碧山城（Piacenza）召開大會，採取削減赤足修會的嚴格措施，限制他們的活動於卡斯提的幾個修院內。執行期間，十字若望於一五七七年被非赤足的會士拘捕，囚禁在托利多（Toledo）會院長達八個月。最後在菲立普二世及教廷大使的調停下，糾紛終獲得解決。於是在一五八一年，赤足加爾默羅會在修會內成立分開的會省。最後，一五九三年十二月廿日，教宗克勉八世（Clement Ⅷ）才批准赤足加爾默羅會成為獨立的修會，擁有自己的總會長及行政管理單位。

拓展及其後的歷史

一五八二年，赤足修會派遣第一批傳教士到剛果（Congo），但整個遠征隊在汪洋中失蹤。第二批會士也遭到同樣的悲劇，最後，第三批會士終於順利抵達。然而，將修會拓展到國境之外，西班牙的加爾默羅會並不是那麼熱衷。所以義大利分會開始負起責任，將修會拓展到全球各地。

一六〇〇年，熱那亞（Genoa）、威尼斯及羅馬已建立了革新的會院，教宗克勉八世將這三個修院及其中的三十位神父，從西班牙加爾默羅會劃分出來，因而產生了西班牙和義大利兩個各自獨立的修會，這種情形一直持續到一八七五年。十七世紀初期，義大利團體拓展到整個歐洲：比利時、法國、德國、波蘭、立陶宛，甚至傳到英國。

真福耶穌．多瑪斯（Thomas of Jesus）鼓勵拓展到遠方傳教區，他的工作影響教廷成立「傳信部」（Congregation for the Propagation of the Faith）。其中較重要的傳教區是波斯及現今的伊朗。一六三八年，真福德尼和立德（BL.Dionysius of the Nativity and Bl. Redempyus of the Cross），兩位會士在今日印尼的蘇門答臘島（Sumatra）殉道。一六三四年，真福聖神．普羅思貝（Prosper of the Holy Spirit），率領一小組人到巴勒斯坦，重新居住在修會古時的所在地加爾默羅山。會士自從一二九一年被阿拉伯的撒拉遜人（Saracens）逐出後，就不曾再來此居住。重新建立的修院，於一七二〇及一八二一年兩度遭受土耳其人摧毀。現在加爾默羅山上的修院乃是在一八五三年興建完工的，並附設國際哲學院，供本會的會士進修。依據修會的法令，駐在羅馬的總會長是加爾默羅山修院的院長。

歷經十八、十九世紀的革命與鎮壓，歐洲的會省大多數已被摧毀。十九世紀中葉以後，各會省的重建工作才開始。一八七五年，教宗良十三世（Leo XIII）將西班牙及義大利的修會整合為一。最後，遠征傳教區的運動把加爾默羅會士帶到了東方、南美洲及美國。一九〇七年在羅馬創立了「大德蘭及聖十字若望學院」，是為會士興建的一所國際神學院。一九五七年靈修神學研究所（Institute of Spiritual Theology）於該學院成立。

二十世紀有三位傑出的教會人士出自加爾默羅會：戈提樞機（Giuseppe Gotti），他承教宗碧岳十世之命，任「傳信部」部長；魯西樞機（Raffaele C. Russi），是樞機主教會議的祕書；皮阿匝樞機（Adeodato Piazza），後來也擔任相同的職位。

一九〇六年，來自德國巴伐利亞（Bavaria）省的會士，在美國威斯康辛州的聖丘（Holy Hill）建立了首座永久會院。一九一六年又有一批來自西班牙的卡塔隆尼亞（Catalonia）的會士，在華盛頓特區創立了一座會院。這兩個團體在一九四〇年合併，七年後合併的兩所會院依教會法典立為無玷聖心會省（Province of the Immaculate Heart）。如今在紐約、麻州、新罕布什州、俄亥俄州、威斯康辛州及哥倫比亞特區都有其會院。後來，這個會省也到菲律賓群島傳教，派駐人員在北部的呂宋（Luzon）島公主（Infanta）教區。一九一五年，一批從墨西哥被驅逐出來的西班牙會士，在奧克拉荷馬州建立會院，最後又在德州及阿肯薩斯州創立另外的會院。這些在美國西南部的修院在一九四七年共同組成了聖女小德蘭會省（Province of St. Thérèse）。自一九二五年，來自愛爾蘭的會士駐任在加州的四座會院。

加爾默羅會的生活方式

加爾默羅男修會的日常生活結合了祈禱和使徒工作。除了共同頌讀日課外，每天奉獻兩小時的時間做默想：上午一小時、下午一小時。每天午後有一小時的散心，夏季晚上額外加一小時，除此之外，禁地內整天保持靜默。會士住在小小的斗室。室內僅有一張普通的書桌和木板床。使徒工作，如講道、施行聖事和靈修輔導，只要是配合修會默觀理想的，都可以從事。加爾默羅會教導自己為晉鐸而讀書的修士，但不為平信徒辦學校。修會一直認為是聖十字若望和亞味拉聖女大德蘭的著作與教導的管理人，四個世紀以來，出版了大量靈修學方面的書籍與刊物。

修會早期的會院之一是「曠野」，這是度完全退隱生活的修道院，會士可以在此退省一年，專務獨居和靜默的生活。一五九二年，耶穌・多默（Thomas of Jesus）在西班牙的波拉克（Bolarque）創立首座的「曠野」。這些曠野在革命期間都被摧毀，但日後又再重建部分曠野會院。一九六四年修會有四座曠野會院分別在：靠近法國的尼斯（Nice）的羅科布恩（Roquebrune）；納瓦雷的拉瑞加大（La Reigada in Navarre）；卡斯提的拉斯巴杜埃卡思（Las Batuecas in Castile）；以及最近義大利佛羅倫斯附近的曠野。凡經過總會長的批准，任何會省的會士都可在這些修院中獨修一年。據修會一九六一年的統計，全世界已有三百六十一座修院，聚集在二十八個會省內。一九六四年全部會士已超過四千人。

12 加爾默羅會與聖母

本章作者
芝加哥羅耀拉大學神學教授
非赤足加爾默羅會士
艾蒙・卡羅爾
Eamon R. Carroll O.Carm.

Carmel and Our Lady

在教會的禮儀年曆中，有三個紀念聖母瑪利亞的日子冠上地名：第一是法國露德（二月十一日），第二是羅馬聖母大殿（八月五日），第三就是加爾默羅山，位於聖地的這座山，永遠和加爾默羅聖母連結不分（七月十六日）。

如同加納，又像加爾瓦略，加爾默羅不只是巴勒斯坦境內的地名而已。加納和加爾瓦略使我們想起基督對人類的手足之愛，也使我們想起耶穌的母親兩次在那裡的臨在。舊約時代，加爾默羅山以俯瞰海面的翠綠海岬著稱（加爾默羅的美麗：《依撒意亞先知書》三五2），也因追念厄里亞先知和他的追隨者而成為聖地，他們是祈禱的人，基督降生前九百年，曾在此為維護衛真天主而比試。基督徒作家與教會禮儀，解釋厄里亞先知所看見的，有朵雲彩從地面升起，這個久旱結束的預兆，象徵童貞瑪利亞，她的兒子要成為默西亞和救世主。（《列王紀上》十八42－45，加爾默羅會專用彌撒七月十六日讀經一。）

加爾默羅會的起源

繼厄里亞和厄里叟兩位先知之後，有些聖善的隱修士零星散居在加爾默羅山上，度獨居的祈禱生活，此乃基督紀元以來持續不斷的隱修傳統。十二世紀時，第二次十字軍東征以後（西元一一四七－四九年），一群西方人士，來自歐洲的拉丁隱修士，定居在加爾默羅山，開始過一種簡單的修道生活。耶路撒冷的拉丁宗主教聖亞爾伯當時住在阿莪（Acre）[1]，於十三世紀初頒賜會規。他們的生活以天主為中心：晝夜默想上主的法律並醒寤祈禱。所以，這於一二二六年由宗座批准的會規，稱為《聖亞爾伯會規》。在加爾默羅會的禮儀年曆中，九月十七日是耶路撒冷宗主教聖亞爾伯的慶日，奉他為會規的訂立者。

隱修士們沿襲厄里亞先知的嚴格精神，由耶穌的母親尋求靈感。《聖亞爾伯會規》要求，在所有斗室的中央建立一座小經堂。朝聖者的報告證實有這樣的小聖堂，奉獻給「當地的聖母」，亦即加爾默羅山聖母。加爾

1 Akko，英文地名為 Acre，距離納匝肋四十公里，離海法十餘公里。

默羅會的經堂中，特別令人想起的是關於瑪利亞哪個道理呢？似乎是她天主子母親的身分，那時代慣稱聖母為天主的童貞母親（拉丁文為 *Virgo Dei Genitrix*）。聖子降生成人的奧蹟這個強烈的意識，很相稱於救主的誕生地，因此，後來的加爾默羅會士不僅尊敬聖若瑟，也尊敬聖亞敬和聖安納（聖母的父母）。加爾默羅山最早的小經堂，是獻給天主之母童貞瑪利亞的，加爾默羅會士由此衍生出一項傳統，他們把經堂和聖堂奉獻給聖母。

拉丁王國十字軍被薩拉遜人潰敗時，整個新興的修會回歸西方，各自回到自己的本土——義大利、法蘭西、英格蘭和其他國家。這些會院早在一二三〇年代初期開始成立，到第二屆里昂大公會議（一二四七年），當修會面臨存亡之際，會士們護衛「加爾默羅山榮福童貞瑪利亞弟兄會」的名銜。

加爾默羅會從未聲稱任何歷史人物為創會人。如聖方濟（方濟會）、聖道明（道明會）或後來的聖依納爵・羅耀拉（耶穌會）。他們遵奉厄里亞為典範及靈修之父，在希伯來聖經中，厄里亞是一位熱心於祈禱和活動的人。他們自稱和天主之母有特別的親密關係，聖母是修會的特別主保，加爾默羅家庭為光榮她而存在。聖母她懷著不斷的愛心關懷，時時看守並保護她的加爾默羅會士。早期的文獻清楚記載，十三世紀的加爾默羅會士認為，他們是以加爾默羅山聖母的名號，特別獻身給天主之母。

瑪利亞的主保身分

對中世紀的人而言，「主保」是大家都接受的一種事實。諸侯不但以言語、而且以獻身的動作，把手放在領主的手中，表示隸屬於他們。加爾默羅山的隱士把他們的經堂「奉獻」給童貞天主之母，成為特屬聖母的產業。他們自視為封建時代的諸侯，臣服於「當地的聖母」，在她的保護下度隱修生活。主保的身分涵蓋雙方：兩方面都有相互的權力與責任。領主負起護衛（*patrocinium*）臣民的責任，而臣民許下以服事（*servitium*）為回報。修道人發願的儀式，在言語和動作上，仍反映著中世紀宣誓效忠禮的背景，藉著宣誓效忠禮，許下獻身服務領主－她的保護者，領主許下以護衛作為回報。修道人仍然把自己的手放在長上手中，宣誓至死忠於聖願。加爾默羅會士的發願是獻給天主和童貞瑪利亞的。

一二八二年，總會長米勞・伯鐸（Peter of Millau）寫信給英王愛德華一世（Edward I），尋求皇家的保護，並許諾向「『最榮耀的聖童貞』祈禱……對她的讚頌與光榮，修會特別得以在海外多處設立。」一二八七年，總會長在法國蒙特培理（Montpellier）召開大會，請求「耶穌之母，榮福童貞瑪利亞的祈禱，為事奉並光榮她，我們創立加爾默羅山修會。」到了一二九四年，會憲指出「不論何時，任何人問起我們的修會與其名稱，要提出榮福童貞的名號。」教宗的文件也持同樣的態度，例如，教宗克勉五世（一三〇五－一四）的一份敕書說：「你們神聖的修會，是為了顯揚榮福瑪利亞，這位榮耀的聖童貞，靠著天主的力量而創立的……」修會獲賜使用瑪利亞名號的特權，一三七九年宗座批准並賜下此一榮銜。

由於採用民間風俗中的主保身分，賦予其宗教上的意義，瑪利亞為她僕人的「主保」。同時，加爾默羅會士奉耶穌的母親為靈性上的母親，也以她為信仰和祈禱生活中效法的「姊妹」。英國的加爾默羅會神學家巴肯梭普（John Baconthorpe，一三四八年去世），以捍衛聖母始胎無玷而聞名，為加爾默羅會規寫了篇短註，是描述聖母一生很生動的文章。其他十四世紀的文獻稱瑪利亞為「我們加爾默羅會的母親」。

當前天主教徒的想法中，視瑪利亞為「姊妹」的態度，再次成為相當普遍的，這是一種仰慕的方式，視榮福童貞為「在一切事上承行天主旨意」的至極典範。對加爾默羅會而言，在「加爾默羅山聖母的兄弟」與他們的「姊妹」瑪利亞之間，有著一種親密感。

與此相似，聖母還有個令人崇敬的特點，亦即她的童貞，這是加爾默羅會兄弟獻身於貞潔所效法的。後來的人遂把按照個人的生活狀況守貞潔，視為聖衣「星期六特恩」的必要條件之一。實際上，這是要求佩戴聖衣的人度貞潔的生活，使聖衣成為基督徒生活富有意義的標記。

十五世紀的一位作者，在一次總會召開大會紀錄中寫了一句金言：

「記住瑪利亞，耶穌就會在你心中成長。」。一三〇〇年代晚期，有一本著作反映出加爾默羅會的靈修基礎及聖母為其典範的角色。書名為《初期隱士之書》（*Book of the First Monks*）或也稱作《若望四十四》（*John Forty-fourth*）。遵照會規，加爾默羅會士應如瑪利亞般地生活，效法她是修會的主旨。會士穿著的白色斗篷，因而使之被稱為白修士，白色披風象徵瑪利亞的純潔。

阿諾德．博修斯——加爾默羅之聲

十五世紀，加爾默羅會聖母的偉大闡釋者，是比利時根特城的阿諾德．博修斯（Arnold Bostuus of Ghent，一四九九年去世）於一四七九年綜合修會傳統，寫了《榮福童貞瑪利亞對以其名為主保的修會之保護及行事》（*Of the Patronage and the exercise of that patronage of the Blessed Virgin Mary toward the Order that Bear her name*）一書。其後的一位編年史家將博修斯列為「真福穌雷改革修會的初果之一，他由真福吸收到對聖童貞瑪利亞非凡的孝愛。」真福若望・穌雷屬於法蘭西會省（根特亦屬之），一四五一－七一年是修會的總會長。博修斯為他寫了傳記。穌雷是第二會、即女隱修會的創立人。

博修斯這位聖者在他的一篇勸言中寫道：「讓天主的聖言，充滿你的口唇，流露在你的口唇上，以你的口宣講，以你的心默想；宛如修會的主保聖童貞瑪利亞，心中默存所有的天主聖言，反覆思索，那麼，因著默觀，天主的聖言必洋溢於你的內心，因著宣講，天主的聖言必洋溢於你口唇。」

一位根特團體的朋友曾問道：「瑪利亞如何顯示她是加爾默羅會的主保？」博修斯應院長的要求而作答覆。他根據研究史學方式，上溯瑪利亞和她的加爾默羅兄弟之間的親密關係。他從加爾默羅的先知厄里亞開始講起，經過「眾先知的弟子們」進入基督紀元，一直到他的世紀，講述故事的來龍去脈。基督之前和早期的基督徒，他們居住在加爾默羅山的傳說，對中世紀的加爾默羅會士是非常寶貴的。

關於靠近自己的時代，博修斯舉出實例，視瑪利亞為加爾默羅會生命成長的主導人，也是遷徙到歐洲的指導人。他寫下瑪利亞的忠僕、加爾默羅會諸聖的事跡，如聖安德・柯西尼（St. Andrew Corsini，一三七四年去世）、聖伯鐸・道茂（St. Peter Thomas，一三六六年去世）和其他的人。

在美國華盛頓特區，聖母無染原罪全國朝聖地的加爾默羅會聖堂中，修會的聖人圍繞著加爾默羅山聖母：聖西滿・思道克（St.Simon Stock，一二六五年逝世）、聖女大德蘭、聖十字若望、聖女小德蘭、聖安德・柯西尼、聖瑪麗德蓮・博祈（St. Mary Magdalende-Pazzi，一六〇七年逝世）。加爾默羅諸聖節（十一月十四日），回響同樣的主題：在我們信仰朝聖的旅途上，加爾默羅會「如雲的證人」圍繞著我們（領主詠）。

靈性上的母親

博修斯述說的史實有些並不完全可靠，然而更重要的是蘊含其內的神學思考，視瑪利亞為修會的恩寵之母，因而我們才有這樣的特恩和義務，應效法她、並忠誠的事奉她、孝愛她。他寫道：「願天主受讚美，祂為自己選擇了這樣一位母親，不是驕傲、嚴厲和沒耐心的，而是一位無比和藹、謙虛和溫柔的婦女，她能同情受苦者，並使自己適應每一個人，天主事先知道，這會是適合我們需要的女子……」

博修斯的時代，比利時人特別喜愛七苦聖母——聖母在加爾瓦略山的痛苦，通常被形容成靈性上的生育，生了基督的弟兄姊妹們。博修斯特別把這種思想運用到加爾默羅會：「她是所有基督徒慈愛的母親，使她自己對一切人成為一切，仁慈對待所有的人……天廷的尊貴皇后……普世基督徒的母親，全人類共同的港灣和避難所……有求必應的母親……拯救基督徒的可愛母親……」

我們是「這位母親藉著福音，為基督生的小孩，她一再為祂生育，直到基督和這些孩子結合不分，直到這些孩子在天堂和基督同在。」「我們由經驗得知她的仁慈，同時我們知道，她的仁慈不違反公義……她被稱為蓋上印璽的水泉，因那慈悲之泉如此豐盈，慈悲永不停止，然而公義的封印依舊保留，因為她知道如何顯示慈悲，而不違背公義。」

加爾默羅會士的聖召基本上是「在天主內安息」或「默觀天主」。博修斯在對瑪利亞的傳統主張中，又加上了：「每天沉靜在對瑪利亞的讚頌中。」

聖衣

論聖衣：這是平信徒中間的敬禮，風行於十五世紀末，博修斯詳細敘述這個孰悉的故事，他綜合了對瑪利亞靈性母職的深入領悟，及對瑪利亞和加爾默羅之間親密聯繫的觀點。十三世紀修會面臨危機時，聖母將聖衣授予聖西滿．思道克，聖衣是個標記，表示和榮福童貞有親屬關係。

聖衣是聖母給予我們的衣服，是為我們靈性的益處所賜的禮物。佩戴者需要以愛還愛：在一切急需中祈求聖母，默觀她的生活和美德、度不斷依靠她的生活，效法她。「以柔順的心，在靈性的互愛中，接受瑪利亞施惠的人是有福的。知道自己得蒙她的揀選，繼承如此豐厚的產業，看到聖衣，他們會喜樂地想起聖母的特寵，至愛的施惠者以這寵愛圍繞著他們。」

博修斯說：「天堂的奧祕啊！無論是聆聽或述說，都同樣令人讚嘆！仁慈之后，因著聖神聖化的德能，使永生的聖言穿上她自己的血肉，以救贖世界，如今，因著聖神的確認，她以自己的聖衣賞報加爾默羅會士，他們為世界的和好傳揚天主聖言。」

有一首中世紀詩歌〈加爾默羅之花〉極受人喜愛，總令人想起聖西滿．思道克及加爾默羅聖衣，這首詩常配上樂曲，以額我略音樂[2]或其他曲調詠唱：

加爾默羅之花，盈盈花果，蔓蔓枝芽。
天堂明光，童貞聖母，舉世無雙。
溫柔慈親，至潔純淨。

2 通稱葛利果聖歌。

加爾默羅，深蒙寵幸。
世海明星，普光照臨。

荷蘭的加爾默羅會士弟鐸・布蘭司瑪（Titus Brandsmar）寫及中世紀末期對聖母瑪利亞的敬禮，要人注意，加爾默羅會士所關注的，是天主降生成人的中心奧蹟：「默觀這個奧蹟，引導我們對瑪利亞懷有雙重的熱愛，這熱愛我們可以說是效法瑪利亞，逐漸加深，達到與她更親密的結合。從十四、十五世紀的效法基督，我們可以看到同樣的發展，到十六世紀成熟為與基督親密結合。所以不應只想效法而不想結合，或想結合而不想效法。二者是相互交流的……。」

聖女大德蘭與聖十字若望

亞味拉聖女大德蘭與聖十字若望，他們對加爾默羅山聖母的深刻執愛，值得曉喻眾人。在此接近聖女大德蘭逝世四百年之際（聖女逝世於一五八二年），關於在基督信仰中的經驗，對其重要性有了新的鑑賞力；神祕家在瞭解信仰真理這方面所扮演的角色，使我們越來越讚嘆。一九七〇年，教宗保祿六世宣封聖女大德蘭為普世教會聖師時，談到聖神在她生命中的行動，並且稱讚她分辨的神恩。聖女大德蘭由於母親早逝，因而請求聖母作她的母親。她的《自傳》中記錄了聖母的特殊介入，例如：一天晚上夜禱後，她看到聖母以白斗篷保護在場所有的人；在降生隱院唱〈萬福母皇〉時，看到擺在院長席位上的聖像變成活生生的聖母。

聖女大德蘭在她創立的所有會院中尊奉聖母為母親，賦予榮福童貞的禮儀慶節崇高地位。她在許多方面分享聖母的心情：童貞瑪利亞在天使報喜時為聖神所庇蔭，以及在加爾瓦略山失去愛子的黑夜中，心靈為痛苦所刺透。聖女大德蘭分享了瑪利亞在唱〈謝主曲〉時的歡欣，喜歡反覆吟唱「我的靈魂頌揚上主」。

大德蘭向總會長請求許可，改革修士和修女的會院時，提及羅西神父對童貞聖母的愛寫道，那偉大的「服事，是要奉獻給他全心摯愛的聖母。這改革必定是由聖母而來的。」在創立安大路西亞省（Andalusia）的會院陷入危難時，大德蘭於一五六七年六月十八日致羅西神父的信中寫道：「…像一位真正的父親，忘卻過去，記得你是童貞聖母的僕人，對那些辛勤工作謀求修會擴展的人，如果你停止援助的話，是會開罪她的。」

為了在新大陸建立加爾默羅會院，總會長羅西神父對此極為憂心，在一五七〇年的公有的轉讓證書中寫道：「深受極大的渴望所推動與引導，切願光榮至尊天主，增添榮福童貞瑪利亞的榮耀與光彩，她是天主之母，也是我們加爾默羅山修會的主母。」

由於深愛榮福童貞，聖十字若望進入加爾默羅會。他視瑪利亞為至高的模範，邁向天主的完美典型。聖十字若望窮究瑪利亞的聖德根源，亦即聖母對聖神在其內行動的順服，她在這方面的探索相當獨特。按他的想法，瑪利亞總是在聖神的推動下行動。「這就是榮福童貞的祈禱與工作。從起初，聖母已被高舉到如此崇高的境界，從未有任何受造物的形式刻印在她

的靈魂裏，她也不受任何受造物的引導，而是經常接受天主聖神的引導。」（《攀登加爾默羅山》卷三・2・10）

加爾默羅會的改革導致合法地分離，雖然如此，加爾默羅會大家庭的這兩個分支照樣保持並發展敬禮聖母的共同傳統。最近雙方合作出版的英文版的專用彌撒本和日課經書，幾乎共享全部的慶節，當然包括聖母的慶節。

杜倫與瑪利・培蒂

十七世紀時，杜倫（Touraine）[3]的改革使加爾默羅會老的支派復活，此一改革逐漸展開，幾乎遍及整個修會，延伸現今使用的會憲，以及加爾默羅山聖母的平信徒（今日稱為在俗第三會，即「加爾默羅在俗會」縮寫為 OCDS）使用的會規。

杜倫改革的靈修作家們，常寫到聖母以及聖衣敬禮的價值。一位教友

3 又譯圖賴納，法國中部舊省，包括今安德爾－盧瓦爾省和維埃納省的一部分。一六四一年併入法國版圖。以胡格諾絲織品貿易著名。主要城市為圖爾。

瑪利．培蒂（Marie Petyt，即 Marie of Saint Therese，一六七七年去世）隸屬於加爾默羅會，她的神師是米歇爾神父（Michael of St. Augustine Ballaert，O.Carm，一六八四年去世），一位比利時籍的非赤足加爾默羅會士。瑪利．培蒂對於和聖母神祕結合具真知灼見，總是配合著以基督為中心兩者間無比和諧。她寫道：「瑪利亞成為媒介與更穩固的結合力，使靈魂與天主緊緊地聯繫再一起，結合一起。」

瑪利．培蒂的一些洞見，使加爾默羅會的聖母傳承更加豐富。「願瑪利亞的靈魂在我們每個人的心中，願瑪利亞的精神在我們眾人當中，使之能在救主天主內歡躍⋯，願瑪利亞的精神在我們眾人當中，使我們能賴其精神而生活。願她的精神居住在我們內，來完成我們的工作，使我們能靠著它而生活。」「正如在天主子女的心中，耶穌的聖神呼喊：『阿爸，父啊！』同樣，在天主子女的心中耶穌的聖神必呼喊：『萬福瑪利亞。』」「瑪利亞在耶穌基督內生你，養你，使你成長，她是真愛與聖望的母親，在她內，堅持於真正虔誠所需的一切恩寵都會臨於你。不但如此，她將如一口供應你活水的井。她也不會在你臨終時輕視你，而會說她是你的姊妹，甚至是你的母親；那時，一切為你都會很好。你的靈魂應把生命奉獻給她。」

這種以天主為中心的加爾默羅會瑪利亞靈修，充分地流露在以下這些的話裡：「那時我們的愛會湧流，彷彿從天主流向瑪利亞，又從瑪利亞回流向天主。」聖神帶給我們神性之愛的湧流，全都流向瑪利亞，再從她全部流回天主那裡。「在神性之愛的洪流中，靈魂被帶向瑪利亞，吸引瑪利亞和靈魂在一起，流回到天主那裡，沒有任何媒介或阻礙。」「讓我們堅決確信，當我們生活時，我們為瑪利亞而活，她是我們的皇后和母親，當我們死時，我們為瑪利亞而死，她是我們的聖母媽媽；因為無論或生或死，我們都是她的兒女。我似乎聽到她說：你也許有許多乾媽、許多保護者，但不會有許多的母親，因為我已在基督耶穌內生了你。」

她提出奉耶穌為榜樣：「…就像這位聖神（《迦拉達人書》四6）在耶穌內產生對永生之父的孝愛，也在祂內引領對親愛母親的孝愛深情，這愛將會持續直到永遠。因此，若耶穌的聖神在天主兒女的心中呼喊：『阿爸，父啊！』（即產生對耶穌之天父的孝愛），也在這些人心中呼喊：『萬福瑪利亞！』（即產生對瑪利亞的孝愛、崇敬和摯愛之情），甚至如同耶穌在世時發生在他身上的，現今在天上亦然，這又有什麼好奇怪的？」茲引用她以下的話作為結語：「願祂在我們內，引導我們在今生達到成全之境，藉著祂親愛母親的轉禱，祂已感召我們切望此事，願耶穌永受讚美！阿們。」

現代的教會與加默羅會關於瑪利亞的教導

現代的加爾默羅會對於聖母，應有怎樣的態度？近年來發生了許多事，關於榮福童貞，教會始終教導著相同的道理，不過，在親近聖母方面的指示，還是有著重大的改變。一個多世紀以來，教友們洋溢著對榮福童貞強烈的熱愛，這是天主教會當局的教導所鼓勵的。

回顧一八五四年教宗碧岳九世（Pius IX）欽定無染原罪信理，一九五〇年教宗碧岳十二世欽定聖母升天信理；教宗良十三世寫了許多關於《玫瑰經》的信函；教宗碧岳十世於一九〇四年頒布瑪利亞的靈性母職通諭；教宗碧岳十二世在相當長的任期中多次明白表示對聖母的孝愛：訂一九五四年為聖母年、一九五八年慶祝露德聖母顯現百週年，以及其他多項事件。教宗若望廿三世繼續碧岳十二世的風範，他的著作與演說中，充滿談及聖母的主題。

梵二大公會議在《教會憲章》結尾的第八章「論基督及其教會奧蹟中的天主之母榮福童貞瑪利亞」，發表了有關聖母的最完善聲明，遠超過歷年來的大公會議。

梵二大公會議的第一個文件中，教長們在論及禮儀時已非常清楚表示，耶穌的母親在她聖子的救贖工程中，具有不能分的地位，因此，在教會的敬拜禮儀中，聖母是基督的母親，也是教會的完美模範。教會的指示所作的改變，在於重新強調聖經中及初期基督徒親近聖母的方式，不只是看她的特恩，更看到這些特恩是天主仁慈計劃的完美圖解，彰顯天主對其子民的仁慈，甚至可以說，教會尊奉聖母為教會之母以前，即尊奉這位在白冷與聖神降臨樓房（Upper Room）的「耶穌的母親」、在加納、加爾瓦略以及《默示錄》中的這位「女人」，為教會的至極典範、教會的女兒。

然而，繼大公會議之後在深刻反省中，教會對聖母卻似乎有點出奇地反常，對她有種令人尷尬的沉默。感謝天主，教會正從這段困難期中復原，並從痛苦與混亂中，學到大公會議所忽視的教訓：必須完全專注於祈禱和默觀。置身在狂熱興奮的不斷活動中，處於帶著使徒面具的俗化人本主義者中，如此心神分散的氛圍，對瑪利亞的真實敬禮不但無法發展，甚至不得倖存。從過去大公會議的痛苦中，加爾默羅會學到了這個教訓。

本文中，我們有意敘述加爾默羅會敬禮聖母的幾個歷史高潮。這些大事一直是我們修會家庭的珍寶，追憶緬懷這些大事，使我們從中得到力量與勇氣。同時，教會是充滿活力的，我們是教會的兒女，加爾默羅會士在忠於教會當前對聖母的教導上，及實行大公會議、教宗與主教們所推薦敬禮方式上，應超出群眾。教宗若望保祿二世繼續先教宗們對聖母的教導，特別前往全球各處的聖母朝聖地朝聖：他的祖國波蘭、墨西哥的瓜達露佩（Guadalupe）、愛爾蘭的諾克（Knock）以及華盛頓特區的聖母無染原罪朝聖地。

鮮為人知的梵二大公會議文獻，值得我們特別留意和反省：它們提示一幅很美又及平衡的畫面，呈現出瑪利亞在我們靈修生活中的角色，特別是作為我們靈性上的母親，此一親密關係，與加爾默羅會整個瑪利亞的故事完全一致。

自從第四世紀以來，在東、西方的感恩禮中，瑪利亞早已備受尊崇，敬奉為「天主之母」。梵二大公會議清楚地說明，遠在四三一年厄弗所大公會議確定「天主之母」這條信理之前，舉行禮儀時瑪利亞在基督奧蹟中的地位（禮儀憲章第一〇二和一〇三號）。一九七三年十一月廿一日，美國主教發布闡明大公會議訓導的聯合牧函，適用於所有基督徒的聖召：「看你的母親，充滿信德的女子」。

一九七四年二月二日，教宗保祿六世寫給教會一封重要的牧函「敬禮瑪利亞」，論及瑪利亞的敬禮。顯然地，其目的在於平息不安，消除教會重新挽回獻身於主的母親所導致的恐懼。這是保祿六世寫給教會的「瑪利亞盟約書」，信中措辭簡明，舉出許多令人信服的事例，述說在修訂過的西方禮儀中瑪利亞的地位。例如，十二月八日聖母無染原罪節，及八月十五日聖母升天節，這兩個節日的新頌謝詞中，含有強調瑪利亞是教會模範的強烈意識。此外還有一個段落，談到非禮儀性但普遍受教友喜愛的祈禱：《玫瑰經》與〈三鐘經〉。

聖女小德蘭

我們有理由深深地感謝聖神，因為我們在瞭解瑪利亞方面更加豐富，她是天主之母，也是我們的榮福聖母，有關童貞瑪利亞的最佳靈修著作，如同一個不斷的趨勢，已在出版中。無論是基督新教或天主教的學者，都把福音中的瑪利亞描繪成充滿信德的婦女。十九世紀末的聖女小德蘭，雖然沒有受益於特別的聖經研究教育，卻在祈禱中受聖神引導，同樣發現耶穌的母親是靠信德行走的婦女。加爾默羅會山聖母在聖女小德蘭的生命中具有卓越的地位，並經常在寫作中提及。接近短暫生命的末刻時，聖女說：「誰創造了榮福童貞瑪利亞呢？」

根據聖女小德蘭的判斷，認為從西默盎預言的那刻起，十字架的陰影就籠罩在瑪利亞心頭，是不對的。毋寧說，她準備好走加爾瓦略山之路，不是因天主對她顯示了未來，而是因她在信德的幽暗中，日復一日，接受天主那充滿神秘和愛的旨意。小德蘭的這句話：「瑪利亞是一位母親，更甚於皇后。」常被引述，對小德蘭靈修的卓越研究不斷推陳出新，至於瑪利亞在加爾默羅會中的地位，聖女所懷有的深刻體認，學者們也加以探索。

艾笛・思坦[4] OCD 與弟鐸・布蘭司瑪 O.Carm.[5]

古老的加爾默羅會枝蔓中，依然繁花盛開，正如兩位同時代的加爾

4 聖女本名 Edith Stein，生於 1891 年。德國猶太裔哲學家，師從現象學大師胡塞爾。

5 O.Carm. 為非赤足加爾默羅會士的縮寫。

默羅會士已向我們揭示的。這兩位都為基督作了見證，死於恐怖的集中營。一位是出色哲學家艾笛．思坦，她於一九二二年在德國皈依天主教，一九三三年入科隆的加爾默羅隱修院，成為十字德蘭．本篤修女。當納粹迫害猶太人時，她被轉送到荷蘭，希望能倖免於難，但沒有成功。她於一九四二年八月九日在奧斯威辛（Auchwitz）集中營去世。她的列品案已提出（譯註：她於一九八七年列入真福品，一九九八年列入聖品。）她的著作中常提到聖母。關於婦女的靈修，她說，雖不是人人都需要入會修道，但大家都要「追隨天主之母的榜樣，以各種方式成為主的婢女。」她入會前不久寫道：「有一種召叫在於與基督一起受苦，因此而參與祂的救贖工程。如果我們與天主結合，就成為祂神秘奧體的肢體。基督繼續在祂的肢體內生活並受苦；我們與祂結合所忍受的苦難，成為祂的，成為有效的，並與祂偉大的救贖工程結合。修道生活的本質，特別是加爾默羅會生活的本質，是為罪人代禱，並以自願和喜樂的受苦，參與救贖世界的工程。」

另一位當代的聖人是非赤足加爾默羅會的弟鐸．布蘭司瑪神父（Titus

Brandsma）。他是著名的靈修權威，尤其專研中世紀荷、比、盧地區的靈修，曾任尼吉梅根（Nijmegen）大學校長和荷蘭瑪利亞協會的發起人。戰前，他活躍於蓬勃的荷蘭天主教出版社。身為主教的發言人，為反抗納粹企圖利用天主教報紙作宣傳，他遭到逮捕並解送到達荷（Dachau）集中營。他在那裏備受折磨，於一九四二年七月廿六日去世。他的列品案已提出（譯註：已於一九八五年十一月三日宣列為真福）。他的作品與使徒活動中經常提到聖母，他去世以後，在他的筆記中找到以下的話，這是大戰快爆發前一次避靜中寫的：「讓我們準備好自己，與耶穌結合就是承諾受苦…正因為瑪利亞和耶穌的結合是最親密的，所以打擊她的也是最大的痛苦。我們追隨瑪利亞，她指示給我們達到徹悟和分擔耶穌的祭獻的道路，然後才是復活、升天，這是我們堪得的。天主讓我們堪當這賞報，我們的位置已預訂了！別讓它從我們手中溜逝。我們要向瑪利亞說：『請為我保留這位置，我就要來了！』」

七月十六日加爾默羅聖母節日彌撒，新的專用頌謝詞中，我們回憶瑪利亞慈母般的主保地位，她溫柔的引領我們上加爾默羅山，正如八個世紀以來，她為我們加爾默羅會精神上的先祖所做的，我們在禮儀的頌謝詞中向天父呼求的：「全能永生的天主聖父……祢的聖言充滿她的心靈，導引她的一切行動，促使她與宗徒們共同恆心祈禱，因她深深地參與了我們的救贖工程，她成為全人類的母親。她以慈母的愛心，不斷地關懷照顧她聖子的眾多弟兄，並在我們走向光榮聖山的旅途中，光照引領我們，她是我們心靈慰藉的明光，也是教會中所有人，一切希望的圓滿化身。」

特敬加爾默羅聖母彌撒，第二式的進堂詠以瑪利亞的口吻說出聖詠（《聖詠》三十四12及《依撒意亞先知書》二3）的話：「孩子們，請祢們前來聆聽，我要教你們敬畏天主，請來！讓我們攀登上主的聖山，我們將循行祂的路。」在七月十六日加爾默羅聖母節日，我們念以下的集禱經：「聖父，願加爾默羅母后・榮福童貞瑪利亞的轉禱，護祐我們，引領我們抵達祢的聖山我們的主基督。」

結束本文之時，我願引用阿諾德・博修斯的話作為結語，他在那劃時代的鉅著《論加爾默羅會與聖母》的開端詞寫道：

「我全心坦承，凡我之所是、凡我之所值，全歸屬於聖母瑪利亞。過去的歲月中，她無比慷慨的賜恩惠，因此，聖母行經各處所留的遺跡，我都有責任去敬拜⋯她接納我這個完全不堪的人，把我抱在懷中，帶我進到加爾默羅的土地上，使我一生歲月，能居住在我聖母媽媽的家中。她以潔白如雪的斗篷遮蔽我，她養育我，加強我的力量，她以其榮耀的頭銜為我加冕。自從我嬰兒時起，她一直是我最摯愛的母親，也是我非常親愛的主保。」

13 加爾默羅會的聖人

Saints of Carmel

亞味拉的聖女大德蘭（一五一五－一五八二）

會母聖女大德蘭，加爾默羅會的改革者與神祕家。一五一五年三月廿八日出生於西班牙的亞味拉，一五八二年十月四日逝世於奧爾巴。她的家庭的起源可追溯到托利多（Toledo）和奧爾梅多（Olmedo）。她的父親亞龍索．賽佩達（Alonso de Cepeda）是托利多的商人若望．桑徹斯．托利多（Juan Sanchez de Toledo）和出生於托爾德塞立亞（Tordesillas）的伊內斯．賽佩達（Ines de Cepeda）之子。若望把事業遷到亞味拉，在那裡促成與女貴族聯姻。一五〇五年，亞龍索和佳琳．佩索（Catalina del Peso）結婚。佳琳生了兩個孩子以後，於一五〇七年去世。兩年後，亞龍索和年僅十五歲的碧雅翠絲．奧瑪達（Beatriz de Ahumada）結婚，她就是大德蘭的母親。

早年生活

一五二八年，大德蘭十五歲時，母親過世，留下了十個孩子，大德蘭是「其中最得寵的孩子」。她的個子中等，身材稍粗大，而非瘦小，大致說來相當勻稱。年輕時頗負美女盛名，直到晚年仍保有風韻（請參閱 Maria de S. Jose, *Libro de recreaciones*, 8）。她的個性外向，態度熱情活潑，易於適應各式各樣的人和環境。她擅長寫作、縫紉和家務。她的勇氣與熱情很容易被激發，幼年時發生的一個事件，流露出她的這個特性：七歲時，她和哥哥羅瑞格（Rodrigo）離家，想去摩爾人地區為基督殉難斬首，但被伯父阻止，因為正要出城時碰見了伯父，而被他帶回家去（請參閱 Ephrem de la Madre de Dios, *Tiempo y Vida de Sta. Teresa*）。

大約十二歲時，大德蘭這種虔誠的熱心稍減，開始喜愛發展自己的本性魅力，也愛看騎士小說。她特別愛姑媽艾薇拉夫人（Dona Elvira）的孩子即梅西亞斯（Mejias）家的幾位表姊，也有點想結婚。這些奇思幻想使她的父親不安，並且加以反對。當她處在這危機時，母親在這時過世了。大德蘭感到很痛苦，又覺孤單，於是祈求榮福童貞做她的母親。她的父親眼看著女兒需要明智的引導，遂把她交托給奧斯定修會恩寵聖母修院

（Santa María de Gracia）的修女，時為一五三一年。

聖召

瑪利亞·碧莉瑟諾修女（Doña María de Briceño）是修院寄宿學校教友學生的負責人，由於她的影響，幫助大德蘭恢復熱心的信仰生活。大德蘭開始質疑，自己是否有做修女的聖召。一五三二年底，她回到家休養身體，並到在卡斯諾斯提亞（Castellanos）的姊姊家小住，讀聖熱羅尼莫（St. Jerome）的書信，促使她達到進入修會的決定，但她的父親並不答應。那時，她的哥哥也是她的知心好友羅瑞格，正預備乘船前往南美洲的里約·普拉塔（Rio de la Plata）參戰。於是大德蘭決定逃家，她說服另一位哥哥和她一起走，以便雙雙領受修道會衣。

一五三五年十一月二日，大德蘭進了亞味拉加爾默羅會的降生隱修院，在那裡有她的一位好朋友胡安娜·穌亞雷斯（Juana Suarez）；父親認命接受了這事實。第二年，她領了會衣，開始全心專務祈禱和補贖。發終身願後不久，她得了重病，雖然接受治療，卻一直沒有起色。最後實在沒有辦法，父親送她到一個小村莊貝賽達（Becedas），求助於卡斯提爾有名的一位女治療師，但她的健康情形並沒有改善。一五三八年秋天，她離開貝賽達，住在奧提格薩（Hortigosa）她叔叔伯鐸・賽佩達（Pedro de Cepeda）家，叔叔給她閱讀方濟・奧思納（Francis of Osuna）寫的《祈禱初步》（*Tercer Abecedario*），她說：「我不懂如何在祈禱上進步，也不知道如何收心斂神，所以我從中得到許多滿足，並且決定要全力隨從這條道路。」（請參閱 *Libra de la Vida, the autobiography of St. Teresa*，此後縮寫如 V 4.6）

大德蘭的病不但沒有痊癒，甚至愈來愈嚴重。一五三九年七月，父親把她帶回亞味拉。八月十五日那天，她陷入嚴重的昏迷，大家都以為她將不久於人世。四天後她醒過來了，然而雙腿卻痲痺了三年，她把完全的痊癒歸功於聖若瑟。痊癒後，她的靈修生活進入一段平凡的時期，但她絲毫不放棄祈禱（請參閱 V6.6-8）。她的祈禱面臨了困難，在於不了解：不用想像，她的靈魂可以直達到默觀。在長達十八年的這個階段中，她曾有過短暫的神祕經驗，但她因強烈渴望得到別人的讚賞而遭到抑制，最後在一幅「遍體傷痕的基督」聖像前，她得到悔改的經驗（V 9.2）。這悔改驅逐了妨礙她靈性發展的自我中心。

因此，三十九歲時，她開始享有天主在她內臨在的活潑經驗。然而，把這些恩惠與她的行為對照起來，她的行為顯得不夠拘謹，未達當時的克修標準，以致引起某些誤解。她的朋友，如（平信徒）方濟．撒爾謝多（Francisco de Salcedo）和加斯巴．達撒（Gaspar Daza）神父認為她的恩惠是魔鬼作為（V 23.14）。耶穌會士狄耶各．沈迪納（Diego de Cetina）神父，鼓勵她繼續作心禱並默想基督的人性，帶給了她安慰。耶穌會士方濟．博日亞（Francis Borgia）神父[1]一五五五年聽她的告解，對她說，天主的聖神在她內工作，要她專注基督的苦難，不要抗拒那些在祈禱中出神的經驗。

儘管如此，當神恩增加時，她還是必須忍受不被信任。即使是他的朋

1 後來的聖人方濟．博日亞。

友們亦然。她的神師布蘭達諾（Pradanos）一五五八年離開亞味拉，由耶穌會士巴達沙撒．奧瓦雷斯（Baltasar Alvarez）繼續指導她。不知是出於謹慎，或有意探測她的心神，他對大德蘭說，別人都確信她的神魂超拔和神見都是魔鬼的工作，她不該這麼常有這些通傳的經驗，這話使她非常痛苦（V 25.4）。另一位暫時來聽告解的神父，一聽到她報告說有一個神視，她不斷地看見基督，就告訴她那顯然是魔鬼，命令她劃十字聖號，嘲笑那個神視（V 19.5）。然而，天主不斷的安慰她，賜給她神箭穿心的恩惠（V 29.13-14）。一五六〇年八月伯鐸．亞爾剛大拉安慰她說：「繼續作妳所做的吧！女兒，我們都遭受這樣的磨難。」

改革者

她的偉大改革的工作始於自己。她許願永遠循行更成全的道路，決心定志，盡其所能完善的遵行會規（V 32.9）。但是，降生隱院的氛圍不太有利於大德蘭的嚮往，無法度更成全的生活方式。一五六〇年九月的一個晚上，一群人聚在她的斗室，從加爾默羅會的源初傳統，以及聖伯鐸・亞爾剛大拉的赤足革新修會得到靈感，提出創立一個隱修式的修道院。起初，她的告解神師、加爾默羅會的省會長和其他指導者，都鼓勵她的計劃（TV478-482）；然而，當這個提議在城裡流傳開來，反對的聲浪迭起，省會長改變了心意，告解神師從中退出，她的指導者也站在反對的陣營。

不過六個月之後，當耶穌會的學院院長換人，她的神師阿爾瓦雷斯（Alvarez）神父予以贊成，大德蘭立刻教她的妹妹胡安娜和她的妹夫若望・奧瓦列（Juan de Ovalle）在亞味拉買一棟房子住進去，就好像是她們自己買的一樣（V33.11）。這些策略是必須的，為的是當這房子準備改建作新修院時，可以消除降生會院修女們所帶來的困難。

因著一位富有的貴族夫人再三邀請，省會長派大德蘭去托利多，在那裡，她接受了聖伯鐸・亞爾剛大拉的拜訪，他自願擔任一位協調者，向羅馬請求創立修院所需的許可。在那裡時，大德蘭也接受了一位聖善的加爾默羅會會士，瑪利亞．耶培斯（Maria de Yepes）修女的來訪，她剛從羅馬回來，得到許可建立一座改革的修院，她提供大德蘭一個新見解，即在她自己的團體所採取的貧窮方式。在托利多，她勉力服從告解神師，完成她的自傳（*Vida*）的初稿。

一五六二年六月底，大德蘭回到亞味拉，准許創立新修院的教宗敕令送達，註明的日期為一五六二年二月七日。接下來在八月廿四日，建立了一座奉獻給聖若瑟的新修院，主教的代表麥斯楚．達匝（Maestro Daza）主持奉獻感恩彌撒，四位初學修女領受赤足加爾默羅會的會衣。亞味拉城的居民和降生會院的修女強烈地反對。降生會院的院長命令大德蘭返回修院，在那裡，省會長安琪．撒拉匝（Angel de Salazar）憤怒地責斥她，因她將新建立的修院置於主教管轄之下，但聽了大德蘭說明原委後，省會長的態度軟化了，甚至允諾要協助平息眾怒，並准許她事情平息之後回到聖若瑟會院。八月廿五日，亞味拉的議會討論創立新修院的案子，八月卅日，城裡的領袖召開大會。大會中，唯一發言反對憤慨群眾的是道明會士多明各・巴涅（Domingo Bañez）。訴訟隨後呈上皇家法庭，但在一五六二年年底以前，省會長授權建院者耶穌德蘭回到她的新會院。接下來的五年，是大德蘭生命中最平靜的日子，就在這段時期，她寫了《全德之路》與《沉思〈雅歌〉》。

建立會院

一五六七年四月，加爾默羅會總會長羅西（魯柏 Rubeo）神父來拜訪大德蘭，批准她的革新工作，命她與亞味拉降生會院幾位修女一起建立其他修院。也許可她為願意改革的男會士建立兩座會院。大德蘭的擴展工作始於創立梅地納會院，時為一五六七年八月十五日。隨之創立其他會院：一五六八年在馬拉岡（Malagon）與瓦拉多利（Valladolid），一五六九年在托利多與帕斯特日納（Pastrana），一五七〇年，在撒拉曼加（Salamanca），一五七一年在奧爾巴（Alba de Tormes）。一五六九年她到托利多去，經過杜魯耶洛（Dueuelo），聖十字若望和耶穌安東尼神父已經於一五六八年十一月在那裡成立第一座赤足的男修會的修院；一五六九年七月在帕斯特日納，她又建立第二座赤足兄弟會的隱院。

這些創建之後有段休止期，在這期間大德蘭擔任亞味拉降生會院院長，這是宗座視察員道明會士雷卡德指派的任務，她很不願意承擔這個責任，又必須面對團體方面的強烈反對。然而，在修女們的告解神師聖十字若望的協助下，她大大地改善團體的靈修狀況。一五七二年十一月十八日，當她從聖十字若望手中領聖體時，她得到了「神婚」的恩寵。

由於奧爾巴公爵夫人的邀請，她於一五七三年初在奧爾巴住了一些日子，之後又去了撒拉曼加，安排建立會院的事宜。那年八月，奉耶穌會神父熱羅尼莫・李帕達（Jerome Ripalda）之命，她開始寫《建院記》，一五七四年三月十九日，在塞谷維亞（Segovia）建立一座會院，因為和愛伯琳公主（Princess of Eboli）起衝突。巴斯特日納的修女已遷到那裡，這標示著第二波建立會院的開端。一五七五年二月，在塞谷拉的貝雅斯（Beas de Segura）建立了下一座會院，她在這裡遇見了熱羅尼莫・古嵐清

（Jerome Gratian），是在安大路西亞（Andalucia）擔任宗座視察員的修會會士，他命大德蘭在塞維亞（Sevelle）建立一座會院。主教反對，大德蘭乃在一五七六年一月一日派了安納・聖雅爾伯（Ana de S. Alberto）修女去卡拉瓦卡（Caravaca），以她的名義立一座會院，塞維亞的會院則延到同年六月三日才建立。

介於非赤足與赤足修會間的危機

修會總會長羅西神父不許赤足弟兄進入安大路西亞，在這事上他反對大德蘭與古嵐清。一五七五年在碧山城召開的大會中，明令赤足男修會退出安大路西亞，並命令大德蘭退隱於一座會院中。總會長任命熱羅尼莫・特斯達多（Jerome Tostado）為赤足弟兄的首領。當非赤足與赤足修會間的衝突白熱化時，大德蘭著手寫了《視察赤足修女》，是《建院記》的一部分，以及她最傑出的大作《靈心城堡》。

赤足修會的護衛者教廷大使尼古拉・歐曼尼（Nicholas Ormaneto）於

一五七八年六月十八日過世，他的繼任者斐理伯．謝加（Felipe Sega）對他們不太有好感。聖十字若望被囚禁在托利多。赤足弟兄會相反大德蘭的意願，於一五七八年十月九日，在奧莫多瓦（Almodovar）召開大會。教廷大使取消大會，並以敕令命赤足修會歸屬於使他們困擾的非赤足省會長權下。國王介入這個事件，指派四個人去勸導教廷大使，其中有道明會士雷卡德。正當協商進行到把赤足兄弟會從非赤足兄弟會中區分出來，建立一個赤足修會省時，安琪．撒拉匝被選為赤足修會的代理總會長。

大德蘭轉而再度視察修院，並繼續建立新會院。一五八〇年二月廿五日，她授會衣給在哈拉新鎮（Villaneuva de la Jara）會院的建院修女們。

根據註明日期為一五八年一月廿二日的宗座特許狀 *Pia consideratione* 上的記載，命令赤足修會建立另一個會省。一五八一年三月三日，赤足會於亞爾加拉（Alcal）召開會議，大德蘭支持的熱羅尼莫．古嵐清被選為第一任省會長。大德蘭建立的最後一批會院是：一五八一年在帕倫西亞（Palencia）與索里亞（Soria），一五八二年在布格斯；以及一五八二年最困難的革拉納達（Granada）會院，她把這座會院交託給可敬者耶穌安納姆姆。

大德蘭的遺體安葬在奧爾巴，教宗保祿五世於一六一四年四月廿四日冊封她為真福，一六一七年，西班牙議會宣布她為西班牙主保。教宗國瑞十五世於一六二二年將她與聖依納爵・羅耀拉（Ignatius of Loyola）、聖方濟・薩威、聖依西多（Isidore）和聖斐理・乃立（Philip Neri）一起列入聖品。

靈修訓誨

在聖女大德蘭的作品中，有三部著作可謂其靈修教誨的寶庫：《自傳》、《全德之路》與《靈心城堡》。然而讀者必須審慎，不要陷於誘惑，草率地綜合這三本書的道理，因為聖女大德蘭以不同的靈修生活階段，寫出她個人的經驗。例如：在《自傳》中的祈禱訓誨，與《靈心城堡》中的就不同，這兩部著作前後相隔十多年之久，這期間，由於更豐富的經驗，大德蘭已達到更成熟的靈修高境。

《自傳》原本是向神師敘說其靈修狀況而寫的，後來範圍加大，讀者也增多。第十一章到後來附加的廿二章專門論及祈禱，而其他祈禱的註釋與例子，散見於其餘的廿八章當中。

大德蘭以引水澆灌花園的比喻來描述祈禱生活的不同階段，「第一種水」是費力從井裡打水，裝在桶裡提到花園裡；這是指由明顯的大罪中獲得釋放的初學者，他們修行著推理的默想祈禱，即使常常感到勞累和乏味。詳細談論了默想的嚴格意義之後，再開始談「第二種水」之前，大德蘭簡短的提到「自修的」默觀（acquired contemplation）。在第二階段，園丁用轆轤和水桶打水，大德蘭在這裡指的是「寧靜的祈禱」，這是天主的恩典，這人的祈禱開始有了被動的經驗。第三個灌溉的方法是使用溪流或河水，大德蘭注意的是「官能的睡眠」。雖然當大德蘭在寫《自傳》時，認為在祈禱的進展中，這是個很重要的階段，但後來在《靈心城堡》中，卻只視之為比較有深度的「寧靜祈禱」而已。第四個灌溉的方法是天主的恩賜：甘霖沛降，大德蘭用這個比喻來形容在祈禱中結合的境界，那時，靈魂顯然是被動的。

大德蘭的《全德之路》是寫給修女們的，教導她們在獨居生活中修持的主要德行，詳加闡明修行祈禱，並使用天主經來教導更深度的祈禱。這部書可說是聖女在克修教理方面的登峰造極之作。

《靈心城堡》在整個的靈修生活上，是成熟的德蘭靈修學派思想的主要根源。書中最強調的是祈禱生活，但也涉及其他的因素，例如：使徒工作等等。靈心城堡如同人的靈魂，天主聖三居住在其中。祈禱的增長，就像穿越不同城堡的住所，逐步漸進，由城堡的最外圍逐漸深入光輝燦爛的中心。使人能進入和天主更親密的境界。當人達到她今世得蒙與天主結合的程度，他就在自己的「中心」，換句話說，他是天主的兒女，她也是人，兩者整合為一。城堡的每個住所，代表著祈禱生活進展的不同階段，對人生命的其他各階段都有其後續性的影響。

聖十字若望（一五四二－一五九一）

聖十字若望和大德蘭同為加爾默羅會的創始人，同是教會的聖師，他克修和神祕學的詩篇與著作聞名遐邇。一五四二年六月廿四日生於西班牙方提貝羅（Fontiveros），一五九一年十二月十四日逝世於烏貝達（Ubeda），每年這一天是本會慶祝會父聖十字若望的節日。

生平

聖十字若望的父親龔撒羅．耶培斯（Gonzalo de Yepes），因為娶了貧寒的紡織女佳琳．阿維利（Catalina Alvarez），致使從事絲綢買賣的富裕家族和他斷絕關係。迫使他接受妻子的貧窮環境，辛勤勞累地操持紡織的工作。第三個兒子若望出生不久時，年輕的龔撒羅積勞成疾，撒手塵寰。

梅地納（Medina）有個機構，專為貧窮孩子設立的，並且提供衣食之需，若望在那接受了初級教育。除此之外，他還去當學徒，學會了各種手藝。十七歲那年，他在梅地納一所醫院內謀得工作，因而能進入耶穌會的學院，接受紮實的古典人文學訓練。

一五六三年，他進入梅地納加爾默羅會，取名為瑪迪．若望會士（Fray Juan de Santo Matia）。在初學與發願後，他到修會設在撒拉曼加的聖安德學院讀書。

之後，他進入撒拉曼加大學，一五六四年到一五六七年在藝術學院攻讀，一五六七年到一五六八年攻讀神學。在藝術學院，他也上哲學的課；讀神學時，他大概聽過道明會曼西歐神父（Fr.Mancio de Corpus Christi）講多瑪斯《神學大全》的課。瑪迪．若望還是學生就被指定為班長，他的天分由此可見。擔任這個職務的若望必須每天授課，辯護大家的論題，並協助負責的老師解決反對的意見。

他於一五六七年晉鐸，在梅地納首祭時遇見了大德蘭，那時德蘭姆姆已經在修會內開始革新的工作。大德蘭把她的計畫告訴若望，要為修士及修女恢復加爾默羅會的原初會規。若望會士一直渴望著更深入的獨居生活，正想轉到加杜仙會（Carthusians），他向德蘭姆姆許諾，願意接受這種生活。一五六八年十一月廿八日在杜魯耶洛，他和另外兩位弟兄發願遵守加爾默羅會原初會規，改名為十字若望會士。遵守原初會規的新生活是嚴格的，而且主要是默觀的。但也包括積極的使徒工作，主要是講道和聽告解。這些新改革的會士們穿著涼鞋，因而很快地被稱為赤足加爾默羅會。

在杜魯耶洛，若望會士被指派為副院長和初學導師。之後，又擔任亞爾加拉一所新成立的修生會院院長。一五七一年春天，大德蘭受命管理降生隱院，並改革其中的一百三十位修女。她意識到會院需要一位明智、博學、聖善的告解神師，經宗座視察員的許可，她請若望會士來擔任告解神師。

當他在那裡擔任告解神師時，改革迅速地進展。但加爾默羅會對於革新修會的態度開始改變，主要是因管理權的衝突而引起的。一五七五年，修會在碧山城召開會議，決定斷絕革新修會的擴張。

一五七七年十二月二日晚上，一些會士逮捕若望會士，帶往托利多（Toledo），要他聲明放棄改革。若望拒絕放棄，堅稱他因教廷大使的命令留在降生隱院。他們宣判若望是反叛分子，將他拘禁起來。九個月之久，他住在一個寬六呎、長十呎長的小牢房，除了高牆上高處的細縫射入的光線外，沒有一點光亮。在這段監禁中，他寫下了絕佳詩作（譯註：即〈靈歌〉）。一五七八年八月，他奇蹟般地逃出牢獄，隨後跋涉到西班牙南部的一座加爾默羅會院。

接下來的幾年，他擔任管理修會的職務：幾度任院長、貝雅斯（Baeza）加爾默羅學院院長、南部會省的代理省會長。一五八八年，他被選為總會第一參議，成為改革的新管理團隊的成員，這個團隊以托利亞（Doria）神父為首。

擔任長上的這些年，他完成了大部分的著作。除了指導加爾默羅會修士和修女們的靈修，他也用很多時間指導平信徒。

從《靈歌》和《愛的活焰》卓絕動人的描述中，顯然可見其深奧的祈禱生活。有一次他承認：「天主竟這樣恩待我這個罪人，把聖三的奧祕通傳給我，若至尊陛下沒有特別扶助我的軟弱，堅強我，我將無法生存。」

接近他生命尾聲時，革新修會的內部又起了爭端。托利亞神父想要放棄對修女們的管轄權，就是不再照管大德蘭建立的女修會，同時也要開除古嵐清神父，這位神父是大德蘭特別親信的告解神師。身為管理團隊一員的聖十字若望會士，在這兩件事上反對托利亞神父。基於這些很明顯的原因，在一五九一年的大會上，十字若望沒有當選任何要職，不但如此，他被派遣到西班牙南部一座偏僻的隱修院內。在那裡時，他聽到消息，知道他們正努力要把他逐出革新修會。

九月中旬，他注意到有點發燒，是因腿上的潰瘍性發炎引起的。由於病情繼續惡化，為了就醫，不得不開離他心愛的獨居之處。他選擇去烏貝達，而不去貝雅斯，因為他說：「在烏貝達沒有人認識我。」烏貝達的院長很不情願地收留他，抱怨因他而多了額外的開銷。十二月十三日晚上，十字若望逝世，臨終前反覆不斷地念著聖詠：「主啊！我把我的靈魂交託在祢手中。」

一五九二年，他的遺體遷移到塞谷維亞。一六七五年教宗克勉十世冊封他為真福，一七二六年教宗本篤十三世冊封他為聖人。一九二六年教宗碧岳十一世冊封他為教會聖師。

著作

聖人的主要著作是《攀登加爾默羅山》、《黑夜》、《靈歌》、《愛的活焰》。這些作品在靈修神學的研究上大有影響。教宗碧岳十一世宣封聖十字若望為教會聖師時指出，凡致力於追求更成全生活的忠信靈魂，這些作品理當被視為經典和指南。

《攀登加爾默羅山》、《黑夜》從註釋〈黑夜〉這首詩開始，論述如何達到成全（即與天主結合）。聖十字若望說，那首詩指出成全的道路如黑夜，理由有三：在這條道路上的靈魂必須克制欲望、走信德之路、接受天主的通傳。這些理由都包含剝除的因素，就像黑夜包含剝除光明。《攀登加爾默羅山》一書有三卷，《黑夜》有二卷。

《攀登加爾默羅山》的第一卷，談論如何克制所有故意的欲望，因為這些欲望相反天主的成全之愛。這過程通常也指感官的主動之夜（或淨化），教導人必須養成只為天主的光榮，出於愛基督和效法基督，而使用感官能力的習慣。

《攀登加爾默羅山》的第二卷和第三卷，討論信德之路，特別是處在心靈魂的主動淨化時。要達到與天主結合，靈魂必需在信德的黑暗中行走，所有不完全忠於天主、基督的法律及其教會的一切，都要加以剝除。在心靈的主動之夜（淨化）中，必須藉著信、望、愛三超德努力淨化靈性的官能。聖人解釋這些德行如何逐一淨化其相對的官能，亦即淨化官能中不光榮天主的一切，使之與天主結合。在這兩本書中，他特別顧慮的是靈魂得到默觀，因此，為了淨化其靈性的官能，必須在祈禱時避開個別的認識，好能在信德中，經由一種對天主普遍和充滿愛的注視，而得到對天主普遍和充滿愛的認識，這就是默觀。

兩卷《黑夜》則描寫天主如何以被動的方式淨化靈魂。至論天主的通傳，只限於稱之為煉淨默觀的通傳。因為這種默觀對靈魂既黑暗又痛苦，所以稱之為夜。

《黑夜》第一卷論及初學者的毛病、初步默觀的標記與感官被動淨化的益處。第二卷，以生動地描繪和分析煉淨的默觀，及天主在心靈的被動之夜中所灌注的默觀。

經過這些主動與被動的淨化，靈魂達到與天主結合，凡與天主的旨意不符合的一切，完全清除。在這樣的結合中，靈魂習慣性的在天主內運用一切官能、欲望、感官作用，情感，致使在其活動中，靈魂肖似天主。這種結合稱為「相似的結合」。

《靈歌》由一首詩（靈魂與基督愛的對詠詩歌）及其註解組成。詩節有若愛的流溢，那愛來自天主通傳給聖人的豐富神祕知識。那些詩節詳述他愛基督的歷程及發展，也標示出他靈性生命的各種程度與階段。大體而言，詩篇詳述聖愛生活的四種進程：（1）滿懷焦慮的愛尋找心愛主

（2）初次遇見祂（3）與祂完全結合；（4）渴望在榮福中才有的完美結合。

註解主要包括：先摘要說明每詩節的內容，繼而詳細說明每一詩行，解說蘊涵含其中的道理。

《愛的活焰》也是是一首詩，並附上註解。這是處在神化境界內，達到高度成全聖愛的靈魂所詠唱的詩歌。在天主內神化的境界狀態，是今世能達到的至高境界，相當於《靈歌》中所謂的「神婚」，在《攀登加爾默羅山》、《黑夜》中的「神性結合」：經由愛的相似而與天主習慣性的結合。《愛的活焰》四段詩節，論及前進於此神化境界中的靈魂，其體驗的短暫、強烈的主動結合（與慣性的結合成對比）。

其註解如同《靈歌》，先摘要概述每一詩節，再詳釋每一詩行，並做許多道理上的解釋。

由此可見，聖十字若望的主要著作，總是論及如何達到成全之境（或與天主結合），及神性結合的生活本身。簡而言之，達到此一結合是經由修行三超德而來的，三超德淨化靈魂，並使之與天主結合。與天主結合的生命是完美的信、望、愛的生命。

聖人和其他的著作包括較少的書信、各種格言和勸喻及十首左右的詩。這些小品談論相同的主題，一如上述的主要著作。

聖女小德蘭（一八七三—一八九七）

法國加爾默羅會修女，以其《自傳》而聞名，一八七三年一月二日生於法國亞郎松（Alencon），一八九七年九月卅日逝世於里修，十月一日為聖女的慶日。

早年生活

瑪利亞．方濟．德蘭．瑪爾定（Marie Françoise Thérèse Martin）是路易．瑪爾定（Louis Martin）和瑞梨．葛林（Zelie Guerin）[2] 九個子女中的

2 天主教會於 2015 年冊宣列小德蘭的雙親為真福，不是因為他們是聖女的父母，而是他們給了她一個孕育聖德成長的家。

老公，在她出生前已夭折了兩個男孩和兩個女孩。路易是個成功的鐘錶匠及珠寶商，而瑞梨則是擅長手工的婦女。他們的么女德蘭體弱多病，出生的第一年必須寄宿於奶媽家。因她是個溫暖、感情豐富的孩子，深愛她的家人。母親去逝在她幼小的生命中造成創傷，使她八年之久陷入憂傷敏感的狀態。

小德蘭在《自傳》中把她的早年生活分為三個時期：最早是母親去世前那段快樂無憂的幼兒時期；其次是一八七七年到一八八六年，她稱之為「試煉的冬季」，是一段敏感而厭倦、有時又有信仰疑慮的時期；最後則是從一八八六到一八八八年的一段時期，始於她稱之為「幡然改變」到進修會之前為止。

一八八一年她們全家搬到里修。小德蘭進入本篤會修道院的學校作走讀生。她很亮麗、記性也很好，但很害羞並且有一點退縮，覺得學校生活很不快樂。一八八三年，十歲時，她罹患了一種很奇怪的病，夾雜著痙攣與幻覺，昏睡達三個月之久。最後，在熱切懇求榮福童貞幫助時，當下立刻痊癒。小德蘭總是相信她的痊癒是一個奇蹟，深信勝利之母塑像確實對她微笑過，她一直是在這尊塑像前祈禱的。

一八八六年的聖誕節，聖女經驗到她「幡然改變」，那是一個立即的改變，標示著一個嶄新的成熟，及更熱烈地追求入會的開始。這個經驗的實際情況很單純，她剛從子夜彌撒回來，父親對為他小女兒所安排的節慶活動，說了一句反對的話，通常她會因這句無心之言深感受傷，但是如她所寫的：「德蘭現在不同了，耶穌已經改變了她的心。」她的姊姊瑟琳（Celine）說：「我是那個立即改變的證人，我以為我在作夢。那個轉變不只是一種新的沉著，同時可以看見她的靈魂在熱忱與愛德的實踐中，發展與成長。」小德蘭從早年就虔誠非凡，事實上，她在過世前不久曾表示，從三歲開始，她就從未拒絕過好天主的任何要求。她一直勤奮祈禱，並極其忠於內在的修德。一八八六年的聖誕節經驗，標示出她宗教生活發展的一個新里程。因她對使徒工作有了強烈的興趣，切願為天主受苦，並開始計劃進入里修的加爾默羅會。

加爾默羅會士

她的兩位姊姊寶琳（Pauline）和瑪利，已經進入了里修赤足加爾默羅會隱修院。那裡是小德蘭希望侍奉天主的地方。她曾一度想成為一個外方傳教士，但最後決定加入默觀修會，她可以幫助更多的靈魂悔改。當她申請進入加爾默羅會時，只有十四歲。修女們很想收她入會，但教會指派的修院長上德拉特神父（Delatroette）認為她應等到廿一歲。後來，父親陪她去見余格南主教（Bishop Hugonin），求他批准及早進入修院。主教將這事予以深思熟慮，在等她最後有利的答覆時，她和瑟琳隨父親動身前往羅馬朝聖。在一次普通覲見中，小德蘭得拜謁良十三世，小德蘭不顧禁令，請求教宗准許她在十五歲進入加爾默羅會；教宗溫和地向她保證，如果是天主的旨意，她一定會進入的。

一八八八年四月九日，德蘭十五歲時進入了加爾默羅會，她在世最後的九年半，都生活在黎維羅（Liverot）街上這棟紅磚砌成的會院內。德蘭在里修會院的那些年，生活並不恬靜，她在修院中的困難，主要可歸因於大部分時間擔任她長上的瑪利・龔撒格姆姆（Mother Marie de Gonzague）。龔撒格姆姆性情慈悲，但卻出於嫉妒維護她權威的地位，讓修會團體分裂成兩派。小德蘭遠避修會內部的紛爭，而專注於自己的祈禱生活。她堅守會規，默默地做著指派給她的工作，她親近、忠實於天主的生活並充滿英豪行為。甚至在她去世後及《回憶錄》出版以前，修院中大多數修女都不了解她。

一八九三年，小德蘭被任命為代理初學導師，這是她在世最後四年所擔任的職務。就在這段時期，她清晰表達出她的「小道」。這種接近天主的態度，教宗碧岳十五世說：「包含全世界所需要的成聖祕訣。」她的小道本質上並沒有什麼新東西，但卻是基本的基督真理予以清新生動的重述。碧岳十五世下定義說：「小道在於修德下的感受與行動，像孩子以天性去感受與行動一般。」因此，她的「道」，不是單一的德行或口號，而是靈魂的整個態度，是和天主建立關係的全部基礎。

大約在她去世前十八個月，首次顯出肺結核的症狀。然而她依然盡力遵守修院的會規達一年多，直到最後被安置在修院的病房中。在她生病的末期，她經常疲倦，受劇痛折磨，並陷入相反信德的痛苦誘惑。她在去世前不久說：「我真的不能想像能承受那麼多苦是可能的。」她最後的遺言是：「我的天主，我愛祢。」

自傳

她去世一年後，私下出版的一種自傳形式[3]，代替傳統的訃聞，寄到其他許多加爾默羅會院。很快地接到增印的要求，並奉命普遍印行。爾後十五年，在全世界翻譯成多種語文，出版了上百萬份。小德蘭原先沒有打算寫《自傳》，只是在她最後的幾個月，她意識到她有使命把「小道」傳授給別人，於是請求她的姊姊把她的文字蒐集起來，並加以編排。她《自傳》的第一部分是寫給她姊姊寶琳的主保慶日禮物，第二部分是為姐姐瑪利所寫的靈修短文，第三部分則是呈給院長龔撒格姆姆的。自傳是以書信體寫成，呈現巴洛克風格，所以用字遣詞常顯得靦腆甜膩。小德蘭寫於後

3　這份最早出版的自傳並不完整，內容經過篩選，其中文譯本有馬相伯所譯《靈心小史》（已絕版）和蘇雪林所譯《一朵小白花》（聞道出版社）。後來隨著時代開放，應大眾要求出版了完整版，其最早的中文譯本就是張秀亞所譯的《回憶錄》（光啟出版社）。但其中有些細緻的敘述仍未列入，2020 年光啟文化又出版了由台灣加爾默羅隱修會翻譯的《我的靈魂那麼小》，補充了那些內容。

浪漫主義運動[4]晚期的洪流中，她使用的只是她熟悉的語言，但她完全誠實坦率地寫作，才是這部《回憶錄》驚人成功的根本魅力[5]。

敬禮

全球對這位年輕法國修女的反應是令人印象深刻，教宗碧岳十一世推崇為「光榮的旋風」。小德蘭的《自傳》引起大眾的迴響，信件如雪片一般飛到里修加爾默羅會院，報告因聖女的轉禱，而得到無數精神與物質方面的恩惠。教宗取消了一般調查列品案要等五十年的規定，准許進行調查她的列品。她於一九二三年列真福品，一九二五年五月十七日列聖品，距離她去世還不滿二十八年。

在列聖品的文告中，教宗碧岳十一世說：「沒有越過事務的常態」，就滿全了她的聖召，並達到了聖境。教宗這句話是我們理解她訊息與聲望的關鍵。她的生活很簡單，完全沒有戲劇性事件和較大的衝突，那是許多聖人生命的特點，然而就在那簡單的生活架構下，她滿全了聖德。

---

4 浪漫主義始於十八世紀末，盛行於十九世紀上半葉，有別於新古典主義的理性與冷靜，特色為具有強烈的情感表現。接著登場的後浪漫主義則承襲浪漫主義的濃烈情感，但更加重視描寫人間的真實生活。

5 聖女小德蘭的作品已輯成全集，其中包括八部分：手稿 A、手稿 B、手稿 C、書信集、詩集、善心的神聖聖劇本、禱文集、最後言談錄。其中手稿 A、手稿 B、手稿 C 就是她自傳的第一、三部分。

聖女耶穌聖心・德蘭麗達（一七四七－一七七〇）

聖女麗達是加爾默羅會隱修女與神祕家。一七四七年七月十五日生於義大利阿來索（Arezzo）。一七七〇年三月七日逝世於佛羅倫斯。九月一日為其紀念日，她的俗名是安納・瑪利亞・瑞迪（Anna Maria Redi）。她出身於一個較次級的貴族托斯卡尼（Tuscan）家族。她的父親依納爵，在她幼年時便覺察到她靈性上的秉賦，並試著鼓勵她，沒有摧毀她的本有天性或擾亂她的正常發展。她從父親那裡學到熱愛耶穌聖心，這在她日後的靈修整合中扮演了主要的角色。

一七六四年九月一日，安納・瑪利亞進入佛羅倫斯的加爾默羅會，會名為耶穌聖心德蘭麗達（Teresa Margaret of the Sacred Heart），因為她熱愛耶穌聖心與亞味拉的大德蘭及麗達・瑪利・雅拉克（Margaret Mary Alacoque）兩位聖人。

在團體中，德蘭麗達修女服務於更衣所與病房。很少人會懷疑恩寵在她靈魂內的透徹工作。我們對她靈修的了解，靠她的神師加爾默羅會士尤德風（Ildephonse of St. Aloysius）的證詞。她受到隱藏生活的吸引，除了效法基督隱藏生活的外在狀態，只要可能，也模仿祂理智與意志的生活的表現。天主以強烈的乾枯無味回應她的渴望，致使她對自己一無所知，對自己的崇高聖德境界毫不覺察。

聖女德蘭麗達是敬禮聖心的先驅，不僅在加爾默羅會，而且在托斯卡尼及義大利。那時義大利盛行楊森主義（Jansenism）[6]，對此敬禮試圖大加毀謗。在她身上，我們看見一個以耶穌聖心為中心的靈修生活表率。由此敬禮，她達到默觀天主聖三的崇高境界。

她於廿二歲過世，遺體至今仍然沒有腐壞。有張畫像是按她死後的遺容畫成的。一九三四年三月十九日，教宗碧岳十一世將她列入聖品。

6 十七世紀由荷蘭神學家楊森提倡，強調人得救早已預定，即預定論。

聖若瑟的聖納福・卡林諾夫斯基（一八三五－一九〇七）

童年

若瑟・卡林諾夫斯基（Joseph Kalinowski）一八三五年九月一日出生於立陶宛的維爾納（Vilna），他的父親安德・卡林諾夫斯基（Andrew Kalinowski）是一位受人尊敬的數學教授，任教於維爾納貴族學校。她的母親若瑟芬（Josephine）在他出生兩個月之後就過世了。

教育背景

在俄國占領期間，關閉了所有立陶宛和波蘭的學校。要受高等教育，唯一途徑是進入俄國的工程學院。因此，若瑟同時也成為帝制時俄國陸軍的一員，最後得到上尉的官階。

宗教

中學時，他像許多年輕人一樣，對宗教變得很冷淡而放棄了宗教生活。這樣持續了好幾年，但在他二十多歲時，開始閱讀靈修書籍，特別是聖奧斯定的《懺悔錄》，並在心中發生改變。

波蘭的叛亂

雖然起初並不情願，他仍在一八六一年成為波蘭反抗組織的一員，這組織是要使波蘭從俄羅斯的統治下獲得自由。不久之後，他成為設立在立陶宛的作戰總部之委員。

逮捕與判決

一八六四年，他被俄國人逮捕並判處死刑，由射擊隊射死。後來改判為流放到西伯利亞的烏爾索（Ursole）鹽礦場強制勞動，離家三千英里。他被流放了十年，以基督徒的方式承受苦難，給所有人立下了善表。

從流放中獲釋

卡林諾夫斯基卅九歲時終於獲釋，但不准他定居立陶宛。在流放期間，他開始度虔誠的基督徒生活，渴望侍奉天主，成為一位司鐸和修會會士，這個心願一直在增長。可是在他回到故鄉時，所有的修道院若不是已經被關閉，就是受俄國人壓制。但在和一位有聖德的加爾默羅會修女偶然的會面後，他決定入加爾默羅會。為了實現他的聖召夢，他被迫前往西方。

進入加爾默羅會

他四十二歲時，成為加爾默羅會士的夢終於實現。他在奧地利的林茲（Lintz）入會，立即被送到格拉茲（Gratz）初學，取名為聖若瑟的納福修士（Brother Raphael of Saint Joseph）。

他在匈牙利讀哲學，在波蘭讀神學，於四十七歲時領受鐸品。他的首祭，是在克拉考（Kraków）加爾默羅修女院聖堂奉獻的。

靈修導師

作為一個神父，他自知沒有口才的恩賜，但他是個傑出的靈修導師與聽告解司鐸。他花很多時間聽告解，為此人們紀念他為「聽告解的致命聖人」。因著他的聖德，許多人請他指導靈修。他成果豐碩、充滿祝福的靈修指導，在於看見每一個前來的靈魂，都有「愛、喜樂與平安」的靈修恩賜，那是聖保祿在《迦拉達人書》五章22節提到的。所有的人都愛他。大家都說：「他擁有無可言喻的甜美與仁慈，他真是一位良善的天使」。

瓦多維采[7]的修道院和教堂

納福神父建造了現今的修道院和教堂，就在那座教堂裡，教宗若望保祿二世還是小孩子的時候，曾在彌撒中擔任輔祭。一九八三年六月廿二日早上，教宗在克拉考冊封納福．卡林諾夫司基神父為真福時，提到這個事實：「這位真福建造的加爾默羅會院與教堂，可以說從我小的時候，幾乎是從我出生開始，我就住在那附近，並時常到那裡。」

7 Wadowice，距離克拉考五十公里。

生病與死亡

納福神父為主耗盡全部的精力後，於一九〇七年十一月十五日在瓦多維采聖善地逝世。時年七十二歲，他的遺體轉到柴納（Czerna，即克拉考附近）修院的墓地。但他非凡的聖德與名聲，從開始直到今天，一直為人們所公認。在聖十字若望死後第四百年，於一九九一年十一月十七日，聖若瑟的納福神父在羅馬被冊封為聖人。現在我們可以很高興地大聲呼喊：聖納福．卡林諾夫斯基，請為我們祈禱，也為我們的聖修會祈禱！

他的精神財富

加爾默羅會士瓦林提諾．馬卡（Valentino Macca）神父就他的觀察，對聖納福．卡林諾夫斯基的一生，正確地概略說道：「他同時代的人一致形容他是『生活的祈禱者』。熱愛聖母瑪利亞，是充滿他加爾默羅會生活的另一特色。他尊奉聖母為加爾默羅會的『創會者』。他要我們效法聖母的聖德，特別是她的謙遜與專注於祈禱。他常說：『我們的眼睛要不斷地轉向她。我們一定要永遠記得她的恩惠，並努力不懈地忠於她。』」

智利安地斯的聖女耶穌德蘭（一九〇〇－一九二〇）

智利安地斯的聖女耶穌德蘭（Saint Teresa of Jesus of Los Andes），是第四位以光榮的德蘭之名宣聖的加爾默羅會聖女。她是我們神聖修會最年輕、最新的聖人，擁有第一位登上祭台的美洲加爾默羅會聖人的殊榮。現在，讓我們簡要地介紹她的一生。

她的生平

她出生時難產，她的母親露西亞（Lucia）沒想她的孩子會存活。然而，一九〇〇年七月十三日在智利聖地牙哥（Santiago），聖女的外祖父烏艾羅禾·索拉（Don Eulogio Solar）由族長治理的大宅院裡，卻一片歡天喜地，因為一個美麗的女嬰華娜·斐爾南德斯·索拉（Juana Fernandez Solar）誕生了。這個家庭的馬車夫拉狄斯勞（Ladislao）結論下得好：「彷彿這個小女孩來到這個地步，是上主要她做大事的記號。」

智利主保加爾默羅山聖母節日的前夕彌撒中，這個小嬰兒領洗取名為聖心的華娜·亨利格塔·若瑟菲娜（Juana Henrietta Josephine of the Sacred Heart）。孩提時代的華娜脾氣很壞，並且很固執。但從她六歲開始每天跟著母親和阿姨華娜去望彌撒後，情況顯著地改善了。

初領聖體

雖然華娜直到十歲以前不准領聖體，她說初領聖體那天是她生命中最重要的日子。就在那一天，她日後寫道：「那是一個沒有烏雲的日子」。也就是在那天，「我第一次聽到主耶穌甜美的聲音」。領聖體後，耶穌常常對她說話。

熱愛聖母瑪利亞

不可能不如此！這個孩子特別顯著的地方是她對主的母親瑪利亞親切的熱愛，聖母的美德是她努力效法的。對她而言，瑪利亞是她的「鏡子」；她要不斷注視瑪利亞，使她在基督眼中變得更美麗。她每天忠實地念《玫瑰經》。

教育

由於切望華娜能受到良好的基督徒教育，她的父母把她送到聖地牙哥耶穌聖心修會所辦的兩所最好的學校就讀。中學時，因是個傑出的學生，她獲得（代表優異的）藍緞帶。她在文學、歷史、宗教與化學各科都拿第一名。

童貞願

華娜十五歲時，自覺地發了完美的童貞願，這只增強了她度修道生活的渴望。問題是，要成為聖心會的修女，還是隱修的加爾默羅會士？致使這個中學生左右為難。在主的引導下，她選擇了加爾默羅會。

靈修閱讀

十六歲左右，她已經讀了聖女耶穌聖嬰德蘭（更為人知的是「小花」）所寫的回憶錄[8]。一年後，她受到鼓勵看真福聖三麗莎所寫的《頌揚主榮》。聖三麗莎是一位法國加爾默羅會的修女，滿被聖德的芬芳，於一九〇六年逝世於第戎。當然，她也讀了大德蘭大部分的《自傳》和整本的《全德之路》。透過閱讀這些著作，華娜認同深信自己蒙召效法這些聖女，也因此有加爾默羅會的聖召。她在十八歲時進入加爾默羅會。

加爾默羅會

雖然出生在一個富裕的貴族家庭，華娜卻選擇追隨貧窮的耶穌，進入以貧窮著稱的安地斯加爾默羅會。會院離聖地牙哥大約六十英里。她在那

8 當時小德蘭的回憶錄尚未完成公諸於世。

裡很快就適應了。她過世後，修女都宣稱，她入會時已是個聖女。

耶穌德蘭修女

在安地斯加爾默羅會度過五個月熱心的初學後，她穿上了加爾默羅的會衣。她的新名字是耶穌德蘭修女，奉聖女大德蘭——加爾默羅會的會母為主保，為榮耀她。在很短的時間內，她的聖德達到了高峰，她的生命卻因罹患斑疹傷寒而終結，於一九二〇年四月十二日逝世。那時她年僅十九歲又九個月，在加爾默羅會才十一個月。

儘管她渴望過退隱的生活，人們尊她為聖人，聖女一過世，大批的信徒開始參拜她的墓地。人們聲稱，透過這位年輕智利加爾默羅會修女的祈禱，獲得許多靈性上的恩寵。許多奇蹟歸諸她的代禱，雖然大多數是屬靈的奇蹟。

列真福品

教宗若望保祿二世於一九八七年牧靈訪問智利時，冊封她為真福。那時教宗肯定地說聖女德蘭終其一生，沒有什麼非凡的功績，或博得世界歡呼喝采的事。然而，她卻是一個非凡的默觀者，也是神祕家。天主在祈禱中將自己反映給她，而她逐漸地發現，天主是她生命的喜樂。概述她的訊息，教宗宣布說：「這是一首新的基督徒的頌歌，是這位美麗的智利年輕女孩今日向教會及全世界所詠唱的：『天主是無限的喜樂！人唯有在祂內才能尋獲喜樂那無限的幸福。』」聖女試著以她短暫的生命，向所有人傳達這個訊息。這個教導透過她給朋友、家人與神師的書信清清楚楚散發出來。

紀念她的全國朝聖地

一九八八年，在距離安地斯一小段路程，非常靠近她外祖父家，查卡布口（Chacabucco Hacienda）的林口那達省的敖口（Auco, Rinconada），有個為敬禮加爾默羅聖母而奉獻的全國朝聖地，供奉安地斯的聖女耶穌德蘭的遺體。據估計每個月去參拜朝聖地的人在一、二十萬人之間。從祈禱箱，我們得知人們向我們的聖女祈求的主要有三件事：首先是求家庭的平安、愛與和諧；其次是把他們所愛的人們領回信仰生活；最後，因她影響了十個女孩成為加爾默羅會修女，並使她自己的母親加入加爾默羅第三會，人們也向她祈禱司鐸和修道生活的聖召。

列聖品

一九九三年三月廿一日，在羅馬聖伯鐸大教堂，教宗若望保祿二世隆重宣封安地斯的耶穌德蘭為聖女。

關於安地斯聖女耶穌德蘭的著作

德蘭神恩出版社（Teresian Charism Press）出版了四本書，談論這位新聖女的生平與訊息。第一本書《天主，我生命的喜悅》，是第一本以英文寫成的聖女傳記，並包括她《日記》的譯文，已有中文譯本。第二本書《安地斯德蘭的證言》，包含她修會長上安潔麗卡院長（Mother Angelica Teresa）值得注意的傳閱信函，以及她喜愛的弟兄重要的回憶文章。甚至還有一份列品程序的摘要。此外，在這本書裡，針對四個令人注目的問題，附上安地斯加爾默羅會修女的答覆：一、為什麼安地斯德蘭對今日的世界那麼重要？二、為什麼她對今日的教會那麼重要？三、為什麼她對今日的加爾默羅會那麼重要？四、為什麼她對今日的年輕人那麼重要？最後一本書包含這位十幾歲的聖女優美書信的譯文。我們永遠不會夢想到，這麼年輕的女孩竟能寫出如此深刻動人的信。

真福若瑟法．納華．吉柏斯
（一八二〇—一八九三）
加爾默羅在俗會貞女

童年

她是方濟・納華（Franciso Naval）與若瑟法・吉柏斯（Josefa Girbes）夫婦五個孩子中的老大，一八二〇年十二月十一日生於西班牙阿哲曼西（Algemesi）。阿哲曼西城距西班牙瓦倫西亞城（Valencia）大約二十五英里，位於以「遊樂海岸」聞名的地區中心。若瑟法出生那天就領了洗，取名為若瑟法・瑪利亞（Josefa Maria）。但人們常叫她若瑟法，或佩帕小姐（Señora Pepa），或就叫佩帕，是現今人們祈求她時最常用的名字。

教育

該區沒有公立學校，若瑟法的正式教育僅限於在稱為「La Enseñanza」的學校就讀，這是在瓦倫西亞主教座堂司鐸贊助開辦的學校。在那裡她學習一些她的社會階層期望的技巧，也學了一些基本的閱讀與書寫。此外，若瑟法也成了一位絲繡與嗆金繡的專家。

家庭生活

若瑟法的父母給予她很徹底的基督徒培育。一八二八年，她領堅振，次年初領聖體。一八三三年若瑟法的母親過世，那時她年僅十三歲。她非常勇敢地面對自己的命運，照顧她的幾個孤兒弟弟，如同一個母親。

孩提時父母就已在她心中逐漸灌輸天主的愛，在她青少年與剛剛成年時，這愛越來越強烈。她度著熱心祈禱的生活，特別當她開始得到熱心的堂區神父鼓勵時起。十八歲那年，在神父許可下，她誓發了永久的童貞聖願。

使徒生活

若瑟法是堂區中很活躍的成員，她奉獻自己盡可能去幫助別人。她開辦了一所刺繡學校。吸引了許多來自各階層、各種職業的人。刺繡課程期間又增加了閱讀與靈修談話，那也給學生提供了靈修陶成。漸漸地，越來越多女孩和年輕婦女來到她家學習刺繡，並學習修德。在佩帕可靠的指導下，她們在兩方面都成了專家。

教師

她的「全部課程」包羅萬象，從默想基本要理到高層次的祈禱。她為孩子們預備初領聖體，使她們熱衷於發起自己堂區的教會團體、幫助她們準備度婚姻生活或修道生活的聖召。這位「老師」是把超脫世物溫和地傳授給每個人的鮮活表樣。她帶領她的「門徒」極深入並積極地參與堂區禮儀生活，及各種由教會發起的慈善工作。

死亡

若瑟法的健康一直不是很好。從一八九一年起，更由於心臟病而急速惡化。一八九三年二月，這位上主的僕人逝世於阿哲曼西家中。按照她曾清楚要求的，她穿著加爾默羅會衣的棕色長袍與白色斗篷，葬在公墓裡。她的葬禮是一個勝利。

加爾默羅在俗成員

由於很多的記錄被毀於一九三六年西班牙內戰，關於她在什麼時候和地方加入加爾默羅山聖母與聖女大德蘭的第三會，我們沒有正確的資料可以查詢。但有充分的證據顯示，她是這團體的成員，她的加爾默羅會在俗團體由加爾默羅會瓦倫西亞會省的神父所輔導。

列真福品

一九八八年九月廿五日，教宗若望保祿二世於羅馬宣列她為真福。她是第一位宣封為真福的加爾默羅在俗成員。她的列真福品為整個加爾默羅會帶來很大的喜樂。當然，她對世界各地的加爾默羅在俗成員，將是一個鼓舞與啟發的大泉源。

可敬者雅妮塔．夏蒂麗（一九一〇－一九四二）

簡介

在取名為「L' Allodola del Carmelo」的傳記裡，艾彌留．巴索提（Emilio Barsotti）稱亞妮塔．夏蒂麗為「加爾默羅會的雲雀」（The Skylark of Carmel）。這個標題很生動，也很合適。事實上，韋氏辭典描述雲雀因其叫聲而受到注意，特別是在垂直高飛時發出的叫聲。雲雀飛得越高，叫聲也越高亢優美。我們會看見，五十年前才去世的加爾默羅在俗成員雅妮塔．夏蒂麗，這正是她完美生命的寫照。

這位上主的僕人雅妮塔．夏蒂麗於一九一〇年三月卅日出生於義大利托斯卡尼省（Tuscany）的路卡村（Lucca）。她是家庭中最小的孩子，前面有七個哥哥和三個姊姊。

宗教

她的家庭深具宗教氣氛，在她早年就教她要理。事實上，在她五歲的時候，大人就覺得她已經可以初領聖體了。從十一歲到十八歲，她受教於路卡的聖桃樂斯（Dorothy）修女會。她十二歲時就決心成為一位修女，這個想法使她內心產生很多改變，她稱之為「皈依」。

幾年過去了，每個人都注意到，「無論在學校或是堂區」，這位上主的僕人總是第一個為大家的益處介紹靈修新方法的人，鼓舞他的朋友與同伴，特別藉著她自己生活的榜樣。就這樣靠著天主的協助，雅妮塔在信仰生活中打好基礎，把自己完全獻身給上主。

進入修道生活

一九三〇年五月廿四日，雅妮塔進入聖德蘭加爾默羅修女會（Carmelite Sisters of Saint Teresa）成為保守生（這個團體是可敬者十字德蘭瑪利亞姆姆於一八四七年所建立）。自入會那天，這位上主僕人就顯出她有深度的內修生活，及具有完善修女的各種記號。她總是很愉悅、專注和正確地做每一件事。在修院附屬聖堂內為給教友朝拜而長久明供的聖體，是她所特別熱愛的。

罹患重病

雅妮塔入會幾乎不到三個月，就罹患重病。很可能最初的病徵顯示會終身臥病在床。因此，長上不得不送她回家。這使雅妮塔大大失望。她在日記裡說，身體的狀況沒有干擾她的平靜，事實上，她感謝上主讓她明白，她的加爾默羅聖召是要在家中實現，如她所寫的「不論是隱院禁地、或斗室或克苦」在家中都不缺少。

成為加爾默羅在俗成員

為了要按加爾默羅會的靈修精神成聖，她的神師巴斯昆利（Pasquinelli）蒙席協助她，於一九三五年七月一日進入加爾默羅聖山聖母與聖女德蘭的在俗第三會。她成為加爾默羅會在俗成員，取會名聖嬰耶穌德蘭。一九三六年八月廿五日，她成為「基督君王」團體的一員，這顯然是各以使徒工作為目的平信徒團體。

從了解《生活規章》中，她學到，祈禱與默想是與天主結合的特別時刻，每天慷慨平靜地接受身體與精神上的痛苦，並為更多人靈的皈依、為司鐸及獻給天主的靈魂的聖化而獻上祈禱。

死亡

她的健康持續惡化，一九四二年初，她清楚她將不久於人世。據說，她確實預言了自己死亡的日子與時刻。被稱為「加爾默羅的雲雀」的雅妮塔．夏蒂麗於一九四二年八月廿四日早上十點過世。

德行生活

這位基督徒的生活中，最重要的行動是修練德行，特別是信、望、愛三德，其功能是直接使靈魂與天主的結合。

非凡的愛

在她的生命中，並沒有非凡的事情可資報告，但她熱切渴望仿效基督，並達到成全的高峰。使她顯得非常傑出。事實上，她在日記裡寫道：「我不要作平庸的人，我要成為一位聖人！因為天主的光榮與我的聖德有互相關係，我要以偉大的方式來達到，我要成為一個偉大的聖人。」

在她宣聖的過程中，出現兩個特別的論點。第一，她全部思想與行動都由真正的信德所引導。她總是以全力遵循信仰的真理，特別是，至聖聖三內居人靈的奧祕、聖體聖事、耶穌救贖性的死亡及聖童貞的一生，都強烈的吸引著她。她所有的行動，因渴望為天主的光榮與救贖人靈，而深受鼓舞。

在列品調查中，特別凸顯出的第二件值得考察的事。雅妮塔雖因受到肺部與腹部結核病菌的侵害，只能時常坐在一張椅子上，但對別人靈性的福祉與教會的使徒工作能有強烈的興趣。對她生命這顯著的一面，我們修會列品申請人西默盎（Simeone de la Sagrada Familia）神父寫道：「她感到有種生動有力的渴望，要把信仰傳給他人。因此她有一種特別的熱忱，傳揚天國，並成為堂區神父的得力助手。她關心嬰兒的領洗、幫助孩子們準備領聖體、注意成人信仰與祈禱生活的指導。她致力於救贖罪人，確定及時給需要的人送臨終聖體。」

我們加爾默羅會的雲雀，怎麼能夠唱得這麼有力、這麼生動、這麼優美、甚至在她最苦的時候？顯然，人世間不可能提供這麼甜蜜的歌聲，因為祂的甜蜜來自天上。這真是一首靈魂與基督合唱的歌，基督來把天主的火投在地上，她就是和這位基督結合，並為祂燃起愛火。

祈禱

加爾默羅的雲雀啊！請替我們所有的人轉求，使我們能在加爾默羅和基督同唱讚美、欽崇的歌！

承認她的英豪德行

梵蒂岡報紙《羅馬觀察報》中，官方報導：一九九一年十二月廿一日星期六，在聖父面前，發布了下列諭令：「加爾默羅山榮福童貞瑪利亞在俗第三會的貞女雅妮塔．夏蒂麗，具有天主僕人的英豪聖德；一九一〇年三月卅日出生在義大利的亞任加（Arancio），一九四二年八月廿四日逝世於路卡。」

因梵蒂岡這項舉動，我們現在可以正式稱她為「可敬者雅妮塔．夏蒂麗」。這是在她終究要列真福的路上很重要的一步。現在唯一需要的是一個奇蹟的認可，經由她的代禱由天主而來的奇蹟，然後是由聖父通告隆重宣列她為真福的日期。

二十四歲為聖衣致命（一八八五－一九〇九）

真福依西德．巴康雅

麥克．格利芬神父 OCD 寫

因為我們神聖修會的重要使徒工作之一，是提倡加爾默羅山聖母棕色聖衣的敬禮，我們最近得知在非洲的一個年輕人，寧可忍受致命之苦，也不願不佩戴聖衣，那是他為恭敬聖母而戴的，這件事情具有重大的啟發性。以下就是這位二十世紀的瑪利亞之非洲致命者的故事。

依西德．巴康雅（Isidore Bakanja）約於一八八五年生在比屬剛果（後稱薩伊 Zaire），十幾歲時成為基督徒。他把對耶穌基督的愛化為祈禱與見證。他溫和有禮、心地純潔，養成以誦念《玫瑰經》和佩戴棕色聖衣來虔心恭敬聖母。他學到佩戴聖衣是身為天主教徒的標記。因他不願拿下聖衣而遭無神論的老闆殘酷鞭笞。他的痛苦持續了六個多月。一九〇九年八月十五日，他在寬恕殺死他的人、並許下要為兇手祈禱之後，手中握著玫瑰念珠、脖子上圍繞著聖衣去世。

這位榮耀的年輕基督徒，聖教會以隆重的宣列為真福。以下光榮伊西德·巴康雅的禱文已正式批准：

「仁慈且寬恕人的天父，祢以祈禱與見證的恩賜充滿了祢的僕人伊西德·巴康雅，並在可怕的痛苦中啟發他英豪的耐力與寬恕。請透過祢聖神的恩寵，賜給我們在信德中和解與堅忍，引領我們走上正義與和平的道路。以上所求，是靠我們的主耶穌基督。阿們。」

14 祈禱的召叫：《每日頌禱》

天主教美國主教團
主教禮儀委員會
The Bishops Committee on the Litury
United States Catholic Conference

A Call to Prayer：Liturgy of the Hours

引言

主耶穌以言以行教導祂的門徒：祈禱是基督徒的基準。祂的生活在祈禱中度過：單獨在曠野中省思、早晚在會堂祈禱、和祂的門徒一起祈禱。耶穌都是個「祈禱的人」，無論從哪方面來說都是，因為耶穌與天父的共融是祂一生的工作與使命，即使現在，「復活的主永遠活著為我們轉求」（《希伯來人書》七25）。祂是至高和永恆的大司祭，我們的祈禱意即參與祂的天上的禮儀。祈禱是天主之城的語言，我們祈禱的動機在於加入主的祈禱，讓祂的祈禱成為我們的，並希望我們的祈禱成為祂的。

基督徒的祈禱，如同耶穌的祈禱，生活在天主面前，以反省與懇求的讚美和感恩，和天主親密交往。在天主的全體子民及信徒個人的歷史中，天主的全能化工是一切祈禱的基礎。由於天主那充滿創造與愛的仁慈，臨在於我們個人的生命和基督徒團體中，致使我們能唱出讚美祂的頌歌，並且懷著十足的信賴，把最緊迫的需要、最急切的渴望、最掛心的祈求呈現在祂面前。

因此，無論是基督徒單獨在室內默思祈禱，或是在禮儀集會中澎拜的讚美與禱告，基督徒的祈禱都是以耶穌基督為中心，因為我們是以主耶穌之名祈禱，並因祂的名聚集在一起。

「應當經常祈禱，不要灰心。」（《路加福音》十八1）是基督徒有責任祈禱的基礎。教會從最初就從兩方面來解釋基督的祈禱：個人祈禱與禮儀祈禱。〈天主經〉（或稱〈主禱文〉）為基督徒個人祈禱的典範，亦即讚美與祈求、信賴與感恩都在一個行動中呈獻給天父。

教堂的會眾聚集起來的禮儀祈禱，也是以耶穌的生活與榜樣為典範。耶穌經常注意到以色列的慶典，在聖殿和會堂參加慶祝，表達祂的虔敬。祂的救贖行動就是在舉行最基本的猶太禮儀：家庭的逾越節晚餐時，賜給我們的。同樣，從初期教會到我們的時代，日課禮儀就是模仿會堂安息日的禮拜：早禱與晚禱。日課所表達的是「應當經常祈禱」，日復一日，時刻不斷。

梵二大公會議宣布徹底革新日課禮儀，使之真正表現出聖化時間和基督徒的獻身生活，與主基督的生活節奏並無不同。日課的性質是整個基督子民的司祭職務，反映天廷所奉獻的永恆讚頌；日課也是個人祈禱的豐富泉源，因為能使我們熟悉聖詠與聖經。日課教我們日復一日信賴的地向上主獻上我們的祈求。每天早晚，我們以天主經與福音聖歌祈禱，宣告天主的奇妙化工；日課以預備主日感恩禮的詩歌及祈禱滋養我們，的確，日課延長了感恩禮的中心主題：讚頌與謝恩。基本上，我們透過日課，更親密的接觸到呈現在禮儀年度中的基督奧蹟。

日課禮儀在多方面訓練所有的基督徒祈禱。我們從日課中學習祈禱，透過日課，彰顯教會團體因此誦念日課的責任，對整個教會來說是莊嚴的，尤其是每天帶領會眾舉行這禮儀，以及在教會中以特別方式獻身於公共頌禱的修會會士。

禮儀的修訂

修訂傳統羅馬日課的工作，耗費了好幾年的時間，基本的拉丁文本，由梵二大公會議授權，委任教廷預備，於一九七一及一九七二年出版，名為《時辰祈禱》（*Liturgia Horarum*）。這部日課又由國際英文禮儀委員會（International Commission on English）忠實地譯為當代英文，由十一個左右的主教團贊助，供應他們國家及全球各國的教會。這個譯本於一九七四及一九七五年出版，是唯一經天主教美國主教團批准的譯本，出現好幾家出版社發行的版本。（中文譯本由天主教中國主教團禮儀委員會編譯，於一九八一年三月廿六日經主教團批准，同年十一月十三日得到教廷聖禮部認可。）

這部新的《每日頌禱》，不論是完整本或摘錄本都有許多特色，顯示梵二大公會議所尋求的目標，結構簡化並縮短、大量擴充聖經與非聖經誦讀的範圍，後者不僅取材於教父與傳統的著作，也有來自現代的文章。聖詠的祈禱使基督徒能省思舊約的讚美詩歌，採用以前日課未曾使用的福音聖歌，新的禱詞採用應答禱文的方式，在使用經文方面非常靈活和通融。甚且除了教會當局的正式許可外，羅馬《每日頌禱》還大幅增選了供禮儀年每日各個時辰所用的禱文。

如同一九六九年修訂的「彌撒規程」，《每日頌禱》之前也有重要的「日課禮儀總論」。這長篇的文件遠超過舊《羅馬日課禮儀經書》的引言資料。它不僅給予必須的指導，而且也仔細說明一切構成日課的要素，更重要的是，還提供了基督徒團體祈禱的基本理論，諸如日課禮儀的豐富性、各部分的關係與彈性在總論中都有所解釋。

教會的祈禱

為使日課禮儀不只存在於理論與教理上，並且也能完全落實，成為全教會的祈禱，也許，這是最難和最具挑戰性的工作。實際上，這幾十年來，美國的許多堂區根本不再舉行主日祈禱或晚禱，一九四〇年代與一九五〇年代，禮儀運動最大的努力，在於恢復教區舉行主日晚禱或夜禱，但似乎一事無成。詠唱主日晚課大部分限於大修道院中，詠唱完整的日課，則大部分限於修會團體。

一九七七年，在堂區與類似的團體與集會中，引介共同舉行某部分的教會禮儀祈禱，需要格外努力，而這些努力則超出這個聲明指示的直接目的或範圍。然而，因著祈禱團體、祈禱之家與祈禱集會在天主照顧下的成長，因著司鐸與其他自動聚集的人實施某種程度的日課禮儀，因著使之成為司鐸評議會、教區與堂區會議中祈禱的一部分，以及形成大修院、司鐸團體與修會團體的祈禱生活，因著更熟悉與日課禮儀相似的公共祈禱風格，會相當有助於這樣的發展。最重要的是，如果那些習慣單獨念日課的人，尤其對於司鐸與執事，聚集堂區其他人和他們一起作共同祈禱，會更有助益。

15 加爾默羅會斐理伯神父會長的指示

Father General's Instruction

為何新的禮儀本對於加爾默羅在俗成員很重要？

聖座已經批准了適用於在俗加爾默羅會的禮儀本。我們出版這本《禮儀指南》，是為了幫助司鐸的助理、講道理者、地方參議會的成員以及必須仔細準備禮儀程序的人，這是特別為在俗生活狀況中的加爾默羅會成員設計的。

為什麼男女教友要成為加爾默羅成員？

仰望福音、首批基督徒的榜樣、以及修會的聖人，加爾默羅在俗成員接受真福八端與福音的勸諭，藉著在修會中誓發正式的「許諾願」，他們公開聲明其堅決的目標，日復一日更有效地致力於追求成全基督徒的愛德。

如何獲得在俗成員的資格？

在俗會的成員經誓發許諾願而成為正式的會員，並與加爾默羅會建立精神與法律上的連繫。在與聖母瑪利亞和整個修會的共融中，新成員許諾：要更親密地追隨耶穌，接受福音勸諭，度神貧的生活，按照個人生活狀況持守貞潔，並按在俗身分的環境服從修會。

你可以說明服從許諾願嗎？

因著服從的許諾願，加爾默羅會在俗成員宣誓，與修會合法的長上及所隸屬團體的參議會合作，在《生活規章》的範圍內服從他們。當他們與「服從至死」的基督行動一致時，及充滿純潔的信德，他們更能回應天主的旨意。

你也可以說明貞潔的許諾願嗎？

貞潔許諾願是按照個人未婚、已婚或鰥寡的生活狀況，根據不同的身分，表達尊重天主法律的真誠意願，同時尋求與天主有默觀的親密，及「心靈純潔」的真福。

可以請你說明神貧的許諾願嗎？

神貧的許諾願，指示加爾默羅在俗成員對「神貧的真福」的重視。在效法貧窮的基督，並與教會一起引頸期盼天國來臨的同時，他們以學習捨棄自我與適度使用物品、單純的生活方式並慷慨服務天主與其子民，來修持內心的自由。

為何在加爾默羅在俗會中要誓發聖願？

發終身許諾願一年後的任何時間，成員可依個人的選擇，要求參議會許可宣發終身貞潔與服從的聖願。許諾願是在天主面前向長上和在俗成員宣發，而聖願是直接向天主誓許的，因為聖願是宗教崇拜的行為，因此，在遵守貞潔與服從上，聖願增加了敬虔之德的功勞。聖願構成更完整的自我奉獻，因而具有更大的道德責任。這些聖願是自由宣發的，其約束力使得基督和祂的淨配教會間愛和獻身的聯繫更顯而易見。

聖願具有敬禮或朝拜的面向嗎？

聖願賦予遵從福音勸諭一種新的「敬禮」或「朝拜」的面向，按個人狀況的守貞及對長上的服從，因此而成為朝拜天主的態度與行為。這嶄新的關係，使聖願成為個人領洗獻身的敬禮性表達，因此它們見證了一種慷慨的答覆，及整個人內在的奉獻給天父——祂是在基督內先愛了我們的父。

聖願與聖洗聖事及聖體聖事有何關聯？

聖願與聖洗及聖體有本質上的關聯，因為聖體是基督徒祈禱與朝拜的「極致」。貞潔與服從聖願，使加爾默羅在俗成員以新的名義，在基督奉獻與感恩的祈禱中，和祂的奧祕相連。尤有甚者，面對人類的無常善變，聖願對當前與未來的目標堅定不移，遵從基督的恆心服從、祭獻自我於天父。

因與聖洗及聖體密切相連，聖願向天主獻上更熱心奉獻與朝拜，也顯出教會與末世其他的面向。聖願所賦予的自由，使加爾默羅在俗成員自由並慷慨地樂意為教會團體的需要服務。而且，在今世及其價值逝去之際，熱誠的使徒工作、福音勸諭的具體見證，都可作為天主之國在我們當中的一個標記。

為何加爾默羅在俗成員不發神貧聖願？

加爾默羅會在俗成員發許諾願外，可再宣發服從與貞潔的聖願，並沒有貶低未正式發願之神貧的價值。基督徒的聖洗聖事就包含培養神貧、極度重視窮人的需要，及生活在此世卻似乎一無所有。為了牧靈的理由，神貧不成為聖願，因為具體的事件與物質不容易以通則來限定。

神貧與福音的成全

適切地說，度神貧真福的生活，是一種在聖神引導下進行的個人分辨。

雖然如此，一個人因著在加爾默羅在俗會做了決定性的承諾，明確許下願終其一生，以神貧、貞潔與服從的福音勸諭走向福音的成全之境。是很清楚的！這是真實的，不論有沒有發願！

總會長神父在西班牙對加爾默羅在俗會大會所說的話

容我加幾句省思，幫助加爾默羅在俗會的更新與復興，因為加爾默羅在俗會是我做總會長牧靈關切的重心。當我與欣欣向榮充滿活力的在俗團體，及全力獻身推展在俗會、並培育其成員的修會會士接觸時，充滿了喜樂與希望。

加爾默羅在俗會的新精神是什麼？

新精神首先必須是指新的臨現或投身：加爾默羅在俗會在今日教會中

更新的投身！我們希望加爾默羅在俗會具有新的精神，並努力以赴，意即每一個加爾默羅在俗成員，必須依循梵二大公會議以後的教會方向前進，更具體地說，要充滿活力參與地方教會的生活。

加爾默羅在俗會的特質是什麼？

《生活規章》清楚而有力地肯定在俗會團體的在俗特質，同時在有關一切適合修道生活的方式方面，肯定加爾默羅在俗成員最廣泛的自主性，完全尊重其在俗的生活地位。

你能說明一下加爾默羅在俗成員的使徒性面向嗎？

加爾默羅在俗會士的聖召基本上是使徒性的，因為這正是基督徒的聖召。

《生活規章》明確地說，加爾默羅在俗會士「對各種使徒活動開放」。加爾默羅在俗會士，必須秉持修會特恩所流溢的精神，完成所有的使徒活動。就是這精神使這活動具有使徒性。為使這使徒性能繼續成長，甚至有更大的影響，為了團體生活「靈性和手足之情」的共融增強，持續的培育與團體的聚會是絕對重要的。

加爾默羅在俗成員使徒工作的範圍是什麼？

加爾默羅在俗會，因大德蘭加爾默羅精神的啟發而蒙召工作，在我們要決定其可能的「使徒工作範圍」時，我認為我們必須以加爾默羅在俗成員個人所在、與團體完全無關的種種環境為優先，因此奉獻做使徒工作的地方全然是個人性的。有三個「使徒工作範圍」提供極大的可能性，並對加爾默羅在俗成員有更大的要求：家庭和社區、職業和工作場所以及堂區和教區。

請說明個人與團體的使徒工作

加爾默羅在俗會之為團體，其本身可以有、也應該有使徒的工作。此一奉獻應按照團體的可能性，實際地選擇並提倡，使之在可能的情況下，確保計劃之慎重持久。《生活規章》建議了一些使徒活動，但顯然每一個團體必須在其自動自發的基礎上行動。

為了提供你們資訊，並且你們打開一些省思的途徑，我願提出一些使徒活動，那是全球各地的團體在靈修領域中正在推動及指導的，以便服務地方教會，並證明加爾默羅在俗成員的存在：祈禱之家和陶成平信徒的靈修培育課程。對我而言，這些實例是重要的開端，也與德蘭加爾默羅會的精神十分配合，那是加爾默羅在俗成員必須生活出來並且把握住的。

總會長神父對修會的熱望

我的熱望是，認真舉行新禮儀，及我們加爾默羅在俗成員從事的使徒工作能成為有效的牧靈工具，使德蘭加爾默羅會的性質，及其在世上的使命更為彰明顯著。

說明：

以上資料取自斐理伯（Felipe Lainz y Baranda, OCD）總會長神父一九九〇年為加爾默羅在俗成員介紹新禮儀而發表的談話，以及一九八八年在西班牙舉行的加爾默羅在俗會大會的發言。為方便讀者，這些資料以問答方式呈現。

會徽[1]

我用大寫T形來象徵聖女大德蘭西班牙式的堅忍不拔。從德蘭靈修的

1　此處是指在俗會的會徽，160 頁的加爾默羅會的徽章則屬於整個修會大家庭所共有。

多方面，我選擇來強調她的委順，她在十字架上的「主旨承行」。這樣的祈禱態度所表達的不是軟弱的「屈服」，而是出於一種動力、獨立的人格、充分瞭解和她相繫的天主，完全在愛情中自我給予。十字架在聖女大德蘭的著作中是卓越的。她祈禱說：「祢為我上十字架，我也為祢上十字架。」這不僅是外在的象徵，更是生活的體驗；這十字架因強烈的靈性痛苦而內在化，因此穿過人性的中心。它在這裡轉化為光明的十字架，因為聖女大德蘭也曾因這十字架經驗過神婚。赤裸的雙足，不僅是赤足加爾默羅會的象徵，也表達一種婚姻和委順之愛的神聖意識。這畫在藝術界是由 Jan Van Eyck 所繪製的「婚姻」；聖經中梅瑟站在燃燒的荊棘叢前面，天主說：「脫下你的鞋子，因為你所站的地方是聖地。我是你父親的天主，亞巴郎的天主，依撒格的天主和雅格的天主。」（《出谷紀》三5）聖女大德蘭摯愛的朋友聖十字若望祈禱說：「我必須在靜默中並在祢前赤足靠近，好使祢在神婚中欣然與我結合。」

16 以默觀方式誦念《玫瑰經》

本章作者
加爾默羅會士
麥克·格利芬
Michael D. Griffin OCD

Forward A Contemplative Recitation Of the Daily Rosary

每天誦念榮福童貞的神聖《玫瑰經》是所有教友，尤其是加爾默羅在俗成員的喜悅與殊榮之一。長久以來的經驗顯示，誦念《玫瑰經》不僅是加爾默羅在俗會員的喜樂，也使會士的生活大為豐富。誦念《玫瑰經》，使之充滿活力地沉浸於基督信仰的救恩奧蹟中。當念珠在信友的手上移動時，他們發現自己的心神專注於基督和聖母瑪利亞生活的奧蹟。

什麼是《玫瑰經》？

卡羅．郝思蘭德（Caryll Houselander）說：「《玫瑰經》是一種祈禱方式，使人想起在基督的一生中，從生前到死後所有的重要事件，可以說，是透過祂母親安排給我們。」

因為這是一種光榮天主之母的敬禮，所以稱為聖母瑪利亞的《玫瑰經》。《玫瑰經》非常悅樂天主，因此歷代教宗都鼓勵教友以這種方式祈禱。教宗鼓勵我們，為了家庭和教會的益處，在聖母的陪伴之下誦念《玫瑰經》。《天主教教理》稱讚對聖母的敬禮，並推崇《玫瑰經》是「整部福音的菁華」，這是對童貞瑪利亞真實敬禮表示。

教宗若望二十三世在一九六一年九月廿九日的牧函中說：「《玫瑰經》是和天主結合的虔敬方式，總是最具鼓舞人靈的效力。」他繼續形容《玫瑰經》是「人靈在天主對人類慈悲之愛的無比、溫柔奧祕中，和祂神秘交談的喜悅飛翔。」教宗解釋《玫瑰經》的意義和要素時，他的話特別有助益，他寫道：「每十遍〈聖母經〉都各有其圖像，每個圖像都有三重的特質，且常是一樣的：神祕的默觀、個人的省思、虔敬的意象。」

默觀

首先，我們對每端奧蹟的默觀是純粹的、清楚的、直接的。

每端奧蹟都述說信仰的真理，告訴我們基督救贖的使命。默觀每端奧蹟時，我們發現自己的思想與感情和居住在世上救贖、教導、聖化的天主之子，也是瑪利亞之子耶穌的生命與教導緊密融合。祂所有的祈禱及工作，完成於祂隱藏生活的靜默中、祂榮福受難的痛苦中、祂復活的勝利中、天堂的榮耀中。那時，祂坐在聖父的右邊，永遠協助並賜生命給祂創立的教會，世世代代在其旅途上前進的教會。

省思

第二個要素是省思，省思圓滿的基督奧蹟，散布光明給祈禱的人靈。每個人在每端奧蹟中發現對個人有益的、適當的訊息，有助於我們的聖化，及改善個人生活的狀況。這是聖神不斷引導下的工作，在恩寵的境界，聖神在靈魂的內心深處「以無可言喻的嘆息為我們轉求。」這些以奧蹟祈禱的人，從奧蹟深處吸收教導而獲得力量，並發現那些奧蹟用之不竭，有助於自己的心靈、甚至肉身的需要。

意向

我們的意向包括為眾人、為各種組織或為個人及社會性的需要轉求。這些意向，為一個活潑虔誠的天主教徒而言，成為我們對鄰人之愛德的一部分。這愛德在我們心中擴散，活生生的表達我們在基督奧體內的共融。

大家都知道，教宗若望二十三世經常為某些人奉獻他每天誦念的幾端《玫瑰經》。有時，信友覲見若望教宗時，會請求他為他們個人的特殊意向祈導，無論何時只要能夠，聖父都會同意如此去做。有時候他只能回答：「今天我已經許下為別人奉獻我的《玫瑰經》了，但在明天的一端《玫瑰經》當中，我一定會記得你的特別意向。」

心靈的適當狀況

在教宗良十三世發表《〈玫瑰經〉通諭》時，道明會總會長吉雷特神父（Fr. Gillet）加上他自己讚美誦念《玫瑰經》的話，他清楚地論述奧蹟的默觀面貌說：

「《玫瑰經》的每端奧蹟都是活生生的臨現，彷彿身臨其境。我們從瑪利亞走向耶穌，耶穌領我們到在我們內，在我們靈魂極深處的天主跟前，把我們交出並讓聖神去啟發。就像往厄瑪烏途中的門徒，在最意想不到的時刻，我們被耶穌觸動了。因祂的觸動，我們的心火熱、我們的眼開了⋯⋯聖經變得更容易瞭解，天主的道路變得明顯起來！」

吉雷特神父繼續說：「默想和口禱在《玫瑰經》中混合，為的是，不僅在我們內激發我們應當修行的德行，也啟發我們應有的心境，如果我們要進入和天主生活的和愛的關係中。」

吉雷特神父仔細說明這種心境：

「真誠默想《玫瑰經》奧蹟，使我們進入因溫柔、孩童般信賴、順從天主旨意而來的心境，這一切都使人靈適於默觀。

我們可以經常提醒自己，《玫瑰經》的特殊功效與難以估計的力量，在於那是一種特別的方法，能把靈性的合一帶入我們的生命。《玫瑰經》奧蹟使我們專注於天主和祂的聖愛，促使我們整個生命與天主合一，並以祂為中心，使我們能完全為天主的光榮度我們的生活。十五端奧蹟涵蓋了基督和瑪利亞全部的生活，也涵蓋了我們與這些神聖奧蹟有關的全部生活。」

基督奧蹟與《玫瑰經》

為了更明白、更有成效的參與《玫瑰經》奧蹟，回想本世紀禮儀及聖經靈修學大師馬爾翁神父（Dom Marmion）[1]銳利、精采的洞見是有助益的。馬爾翁在他最重要的一本書《奧蹟中的基督》裡面提出，基督生活的

1 Columba Marmion，1923 年逝世。本篤會士。

全部救贖奧蹟都屬於我們每個人，都是為了我們、並且是為了我們的得救，這一點絕不可遺忘或忽略。他提醒他的讀者，基督活出祂生命的奧蹟最重要的是為了我們，無疑地，基督為了光榮祂的天父而生活，並承受苦難。

但是基督值得崇拜的心始終同時為祂的天父和全人類而跳動。祂為了我們誕生在世上，祂為了表示愛我們而宣講、教誨並工作。祂昇了天，遣發聖神，仍然留在聖體中，還是為了愛全人類。基督做這一切，為的是有一天我們得以和祂一起在永遠的光榮中！雖然看起來驚人，馬彌翁神父卻適當的導出結論：在某種意義上，基督的奧蹟屬於我們，多過屬於基督。基督從天上降來活出愛的奧蹟，只是為了我們，為了我們的得救。

而且，我們不要忘記：基督在神聖奧蹟中，顯示祂自己是我們的榜樣。祂從天父懷中降下來做我們的模範。我們不需要去別的地方尋求，基督是我們成全的模範。馬彌翁神父如此解釋：

「這就是何以默觀基督奧蹟對人靈非常有益。耶穌的生活、死亡和光榮是我們生活、死亡和光榮的榜樣。絕對不要忘記這個真理：永生之父接納我們，只因為祂在我們內看到祂相似其聖子的肖像。為什麼如此？正是因為我們肖似祂的聖子，祂自永遠就預訂了我們⋯對我們，沒有別種聖德比得上基督顯示給我們的聖德了！我們的成全取決於效法耶穌的程度。」

還有另一理由，一個人越來越深地效法，救主的奧蹟就會成為我們自己的。這不僅是祂為了我們把奧蹟活出來，不僅是祂成為我們的榜樣，更是因為「在祂的奧蹟內，基督已與我們合而為一。」

天父愛我們，愛到使我們與祂聖子合一的程度。馬彌翁神父特別生動有力地論及這點：「知道基督親自以祂的每個奧蹟和他親密結合，對愛耶穌的靈魂來說，是個不竭的信賴之源。這個真理引發感激與愛的行動，促使靈魂完全歸向基督，基督如此慷慨地願意給出自己，並和靈魂結合。」

列品案已上呈羅馬的馬彌翁神父，他提出基督的生活中特別令人信服的另一觀點，例如：基督的臨終苦難，我們看到祂忍受及其殘酷的刑罰，這時祂為我們樹立了最美、最具啟發性的德行芳表。重要的是要記住，基督所顯示的德行遍及祂的一生，美麗無比，這給予我們——祂的子女，充分的權力去要求恩寵，得以分享並活出那些德行，這就是我們救主的意願。

（按：馬彌翁神父二〇〇一年已被宣列為聖人）

馬彌翁神父的思維極具洞見，十份美妙的符合聖女大德蘭的某些特殊恩寵，亦即聖女獲得神婚以後所經驗到的恩寵。聖女大德蘭敘述，主耶穌顯示給她的，指示我們應如何看待基督的苦難。亞味拉聖女的「靈修證言」的四十六條為我們記錄了這偉大的恩寵。聖女大德蘭認為主已給予她靈魂許多恩惠以後，又賜給她另外的特別恩寵，她說，她的靈魂如何開始變得很焦慮，於是主帶給她心靈的平安，如此對她說：

「妳已知道妳和我之間的神婚，由於這個神婚，我所有的一切都是妳的，所以我給妳所有我經歷的考驗和痛苦，以這些方式，好像有了某些屬於妳的東西，妳可以懇求我的天父。」

雖然我聽說過我們分享這些，現在我以那麼不同的方式聽到，我似乎覺得有莫大的主權。

友誼中所賜予我的這種恩惠，在此無法形容。我似乎覺得天父接納這種分享的事實，從那以後，我看主所受的苦難大為不同，如同是屬於我的，這帶給我莫大的安慰。

《玫瑰經》的結構

《玫瑰經》以苦像為首，我們開始念《玫瑰經》時，請先親吻十字架，這提醒我們基督愛我們，我們也渴望把日常肩負的十字架和基督救贖的十字架結合。這些想法堅定我們，並引導我們更慷慨地實踐日常的責任，修得所需的美德。我們要從恭敬虔誠用心的畫十字聖號開始，意識到我們的渴望，期待基督十字架的力量覆蓋和籠罩著我們。

苦像是最單純的，然而也是信仰的最深奧象徵，畫十字聖號時，我們由此宣認信仰耶穌基督的主要理由。十字架是我們信仰的基礎，凡信仰基督的人，都相信救恩和戰勝罪惡來自基督的十字架，我們也相信，唯有透過基督的十字架和苦難，我們的罪才得到寬恕。

那麼讓我們來開始念《玫瑰經》，先緩慢而用心地畫個十字聖號，作為愛我們的主及救主的真正標記。

〈宗徒信經〉[2]

〈宗徒信經〉是《玫瑰經》的第一個祈禱文，是我們神聖信仰的基礎，也是教會欽定的信仰摘要，以默想〈信經〉開始，我們提醒自己，誦念《玫瑰經》時，我們所念的是最純真的信德經文，來自基督的啟示，也是教會世世代代以來所教導的。我們知道，信經就是宗徒和殉道聖人們的信仰，包括慈母聖教會全部的基本真理。

〈天主經〉

接下來我們要念的禱文是〈天主經〉，有時稱之為〈主禱文〉。這是

2 簡稱〈信經〉。

在《瑪竇福音》與《路加福音》中所記載的禱文，是我們的主耶穌親口傳授的。

有一次耶穌祈禱之後，宗徒們請求師傅教他們祈禱，於是祂把自己的祈禱方式教給了他們，祂就這樣把〈天主經〉揭示給他們。聖女大德蘭每天誦念《玫瑰經》，非常忠心，在《全德之路》後半部分，她告訴我們念〈天主經〉的重要性，她說，如果我們知道如何成全地誦念這經文，亦即主基督教導的〈天主經〉，就不再需要其他如何祈禱的教導了。她對〈主禱文〉的洞見極為寶貴，應該列在每個加爾默羅在俗成員閱讀書單的首位。

頭三顆念珠

在誦念天主經的那顆單獨的念珠之後，就是相連的第三顆念珠，依照教友的慣例是虔敬地念三遍《聖母經》，求聖母為我們轉禱，使我們靈魂的信、望、愛三超德增長。聖經清楚地教導我們，我們的靈魂透過此三超德直接與天主結合，當我們說「我信」時，我們的靈魂就直接與天主結合，祂是一切救恩真理的源頭，透過望德，我們的靈魂直接與天主結合，並渴望天主許給我們的永福。一個希望的動作清楚地指出，我們不是信賴自己的力量，而是唯獨信賴天主的良善與能力，望德使靈魂免於沮喪，在考驗時支撐我們。最後，透過愛德，一切德行當中最大的德行，人為天主本身的緣故，愛祂在萬有之上，並為愛天主而愛人如己，透過神性的愛德，我們得到天主對我們無限的愛，如同基督生活中所表達的，就是這愛德，使我們能存留在基督的愛內，愛天主在萬有之上。

〈聖母經〉

因為一串《玫瑰經》要念五十三次〈聖母經〉，我們需要省思其至極的美與大能。麥克費登（T. M. McFadden）深悟聖母的精義，說出以下的話：「〈聖母經〉是向聖母請求的禱文，包含三個部分：總領天使佳播的問候：『萬福瑪利亞，妳充滿聖寵，主與妳同在。』（《路加福音》一28）；麗莎的話：『妳在婦女中受讚頌，妳的親子同受讚頌。』（《路加福音》一42）；以及後來加上的祈求：『天主聖母瑪利亞，求妳現在和我們臨終時，為我們罪人祈求天主，阿們。』聖母經以天使和麗莎問候聖母相同的話光榮聖母。此外，這也是和聖母結合一起所念的禱詞，懇求我們天上的母親，對我們現在的需要和臨終時的助佑給予幫助。

《天主教教理》一〇五頁（譯註：中文版，以下同）中說：「耶穌的聖名是基督徒祈禱的核心。」但是馬上又有下面的話：「〈聖母經〉以『妳的親子耶穌同受讚頌』這句話達到其巔峰。」這清楚指出，聖母經是向聖母祈禱，因為她是天主之母，也因為我們相信瑪利亞已獲此特恩與尊貴，我們知道我們可以和她一起向天主祈禱，我們信賴她的善良和力量，永不會失望。

《天主教教理》充分論述聖母經和它在教會中的地位，因為它在《玫瑰經》中給予特殊的地位，查閱論及聖母經的章節，會很有助益。例如在六〇八頁：「在祈禱中，聖神將我們與唯一聖子，在其受光榮的人性中結合成一體。透過祂，並在祂內，我們作子女的祈禱，使我們在教會內與耶穌之母共融。」

《天主教教理》也摘述了向聖母以及和聖母一起祈禱的重要性與力量，在六一〇頁有力地說道：「童貞瑪利亞與聖神行動的合作是獨一無二的，因此，教會喜愛與她聯合，共同祈禱，好能與她一起讚揚天主在她身上所行的大事，並將祈求與讚美交託在她手中。」

〈光榮頌〉

〈光榮頌〉是下一顆《玫瑰經》念珠所要唸的祈禱文。這是衷心讚美天主的禱文。我們都正式承認天主的至高完美，不僅為了我們從天主所接受的一切，而且正是因為天主本身是全善的，應得到我們全部的愛。這讚頌及愉悅的禱文，正如《天主教教理》中提醒我們的（譯註：該書六〇一頁）：

「…分享心地純潔者的福分，因他們在享見天主的光榮之前，已在信德中愛慕祂。藉著讚美的祈禱，聖神親自和我們的心神合一，證實我們是天主的子女。」

如果在這點上，可以加入我的一個觀察，長久的經驗使我獲悉，念日課和《玫瑰經》中的光榮頌，會造成決定性的一刻。直到最近，像許多人一樣，我覺得自己常常分心走意，心思散漫，然而我發現，特別努力更認真、更專心地念光榮頌，幫助我很快地從分心中返回，是個令人滿意的結果。這樣做使我更專注於祈禱，更留意這個事實：我正在向至聖、充滿愛、生活的天主祈禱…實際念《玫瑰經》時，我發現這樣頌唸賦予我動力，使我能更細心、更虔敬、更有活力地繼續念下面的〈天主經〉。

為天主整合我的生活

靈修生活的真正目標在於全神貫注於天主，並承行祂的聖意：換言之，在這汲汲營營的世上，必須肯定我們的目標以天主為第一優先，超越萬有之上。享見天主是熱心靈修生活的最大報酬，這是聖詠作者催促我們祈求的，也是聖詠作者不斷祈求獲享的，他一直懇求天主顯示其聖容：「上主啊！我享見祢的聖容時，我將體會到圓滿的喜樂。」是在祈禱中，當天主聖容的光輝照耀我們時，我們才得蒙光照，真實體悟自己是天主的子女，這時我們方能全心歡樂、稱揚、讚美祂。

現今的時代，我們不容易習慣性的享有天主的臨在：懷著一顆不分裂的心，在天主的愛內行走，並專心為天主而生活，像這樣的特恩，我們很難意識到；一旦我們致力於收斂心神，和住在我們靈魂內的天主同居共處時，我們會發現，自己因了悟現世社會的混亂而震驚。現代世界往往遠離天主，影響眾生疏遠他們的造物主及君王，這意思是，我們的心智和情感不斷被拉走，遠離天主，離開我們的最大利益。然而，我們的情況並非毫無希望，我們不該放棄，但我們需要尋到對策，克服這種混亂，尋到一種以全心、全意、全力致力於愛天主的方法。

任何能使我們在天主的愛內保持專注與合一的方法，都是莫大的恩賜，但這恩賜無需像許多人所想的那麼不尋常。聖人找到了參與彌撒和誦念日課的方法，許多男女發現《玫瑰經》很有幫助，因為能使他們度虔誠熱愛天主的生活。聖人希望他們的熱心神工對其全部的生活有靈性上的影響，好使其神益不侷限於他們在聖堂或正式祈禱，而我們也能做同樣的事。

祈禱的戰鬥

關於祈禱時所面臨的困難，《天主教教理》更深入地加以探究，以整個篇幅談論，祈禱生活必須具備持續英勇的努力。這本書闡述的基督徒教導極有助益，我高度推薦給所有人，特別是熱心地想要獻身於祈禱生活的人。

論祈禱的這部分大標題幾乎是跳出了那一頁，以大寫字母寫著驚人的字：祈禱的戰鬥！再往下看，問一個重大的問題：這場戰鬥對抗誰呢？接著就是答案：

「對抗我們自己和誘惑者的詭計，誘惑者盡其所能使人離棄祈禱及與天主的合一。我們怎樣生活就怎樣祈禱，因為怎樣祈禱就怎樣生活！如果我們不願慣常地依照基督之神而行動，我們就不能慣常地因祂的名而祈禱。基督徒新生命的「屬靈戰鬥」與祈禱的戰鬥是分不開的。」

教會向我們保證，共同經驗也不斷確定這個事實：這是一場持續鍛鍊自己的戰鬥，如此我們才能夠經常生活在與天主的合一中。我們不會退避失望，因為我們知道祈禱不僅出於我們自己，也出於聖神，例如：當我們堅持懷著正確的意向參與彌撒、念日課、每天做心禱並念《玫瑰經》，我們會很快發現，我們的靈性生活越來越專注於基督與祂的母親，且以他們為中心。如此，我們的生活將越來越有成果，這並不否認需要大量的努力。

我們認真努力是個明確的標記：聖神在引導我們，我們也願意合作，如此基督和瑪莉亞的臨在越來越明顯，聖神的恩賜也帶來豐富的靈性果實。

談了所有重要、初步的觀點以後，現在，讓我們分別詳細地來看看《玫瑰經》的十五端神聖奧蹟。

《玫瑰經》的奧蹟

十五端《玫瑰經》表達了基督一生歡喜、痛苦及榮福的奧祕。沒有人像祂的母親瑪利亞那樣分享祂全部生活的事蹟。每星期，我們念《玫瑰經》就遍觀全部的神聖奧蹟好幾次。

依照聖經，歡喜奧蹟能使我們和瑪利亞一起，再度體驗天主聖子給予世人的幸福，亦即祂的誕生，及以祂的臨在使世界滿溢恩寵。另一方面，在痛苦奧蹟中，我們和瑪利亞一起，體驗耶穌因人類普遍的罪和我們的罪，所經歷的可怕痛苦。在某種程度上，歡喜奧蹟和痛苦奧蹟比較容易理解。

榮福奧蹟則帶我們進入更神聖的境界，亦即天堂和尊榮的生活，那是我們的主、救主所在之處。但永遠要記住，榮福奧蹟所紀念的耶穌，現今就在天主父的右邊，一直為我們眾人轉求。

歡喜奧蹟

天使報喜

瑪利亞完全專注於祈禱，歡喜地承認，天主在所有受造物之上，應得一切讚美和愛慕，她的情感是完善的、適當的：忽然上主的一位天使向瑪利亞致敬說「天主所寵愛的」，並且宣報了至高者的旨意：她將成為人類的救主的母親，起初瑪利亞很覺困惑，因為她已許下貞潔願，完全獻身於天主了，她問上主的天使，一個貞女怎能成為人類救主的母親？然後瑪利亞得到保證，不必害怕！正因為她的童貞，所以上天選了她來擔當這個職務。有了這樣的保證，瑪利亞立即同意上天的要求說：「看！上主的婢女！

願照祢的話成就於我吧！」天主聖神立即庇蔭她，使她孕育了「至高者的聖子，祂要永遠統治達味家族。」

「天使報喜」這端奧蹟，是教導我們如何接近天主的光輝標記。讓我們記住聖女大德蘭的信念：是謙虛把天主聖子帶到人間，進入童貞女的子宮。聖若望・維亞納（St. John Vianney）說：「謙虛對所有其他德行來說一如鍊子之於《玫瑰經》；拿走鍊子，念珠就散掉了⋯除去謙虛，其他德行也都消散了！」在我們默觀這端奧蹟時，讓我們向耶穌表達我們的感激，因祂為我們而降生；也讓我們感謝瑪利亞，她是謙虛而又榮耀的天主婢女，因著她所接受的光榮，瑪利亞成為耶穌的母親，也是我們的母親。讓我們祈禱：「耶穌和瑪利亞，讓我們的心與祢相似。」

瑪利亞訪親

第二端歡喜奧蹟是指瑪利亞探訪她的表姊麗莎。

佳播天使離開後，聖母急速準備去探訪她懷孕的表姊麗莎。瑪利亞的路程是從納匝肋到赫貝隆（Hebron）山谷的艾卡利（Ain-Karim）。這段路程約八十英里，至少要走三、四天。

麗莎已經過了生育年齡，正懷著洗者若翰已六個月了。兩位準母親第一次見面時，發生了一些奇妙的事情：當瑪利亞向表姊問安時，麗莎的胎兒在母懷中歡躍，這是瑪利亞把救恩帶到麗莎家中的記號。麗莎受聖神感動，喜悅地向瑪利亞請安，驚嘆上主的母親來探訪她！她讚美瑪利亞和胎兒的偉大，瑪利亞以稱為「謝主曲」的讚美歌來回應，在這首歌中，她比照自己的卑微和天主的偉大，讚美全能者天主為她及全人類所行的大事。

聖母訪親中，最重要的是瑪利亞帶來了耶穌：一切良善與祝福之源。讓我們回想聖保祿的話：「藉著洗禮，我們已經和基督合而為一了。」我們必須永遠意識到我們的一體性，我們和基督的合一，這個聖經的景象是美好的，提醒我們，天主祝福家庭和親屬，不論何時他們以祂的名相聚，就像瑪利亞，願我們把住在心中的基督帶給所遇到的每個人。

基督誕生

聖經介紹第一個聖誕節的情景，使我們得知先知和舊約的聖人經過許多世紀，焦急地盼望救主默西亞的誕生。當指定的時間來臨時，所期盼的天主聖子降生在白冷的一個馬槽中，因為客棧已沒有房間。瑪利亞把祂裹在襁褓裡，放在馬槽中，這是他的丈夫若瑟，一位手藝精巧的木匠，為了孩子就地取材改造的。聖經告訴我們，先知們所說、所期盼的那位，最先看到的是瑪利亞和若瑟。世界所欽崇朝拜的救主，最早懷抱在他們的雙臂裡。

聖嬰誕生在寧靜的夜晚，同時一隊天軍的歌聲穿透夜晚的寧靜，天使對牧放羊群的牧羊人唱：「天主受享光榮於高天，主愛的人在世享平安」，這段歌詞可說是信友心中對救主誕生最真實的表達！處處都像的一個聖誕夜，世界都聽到忠實神聖的心靈渴望聽到的話，平安的宣報，就是平安與喜樂的知道，天主已經以有形可見的方式出現於人間！對那些向天主聖言敞開心靈的人，救恩與天主的護佑必定不斷地賜給他們。《瑪竇福音》給聖嬰第二個名號，即「厄瑪奴耳」，因為耶穌是「厄瑪奴耳」，意思是，在我們的主耶穌基督內，生活的天主永遠和我們同在。

瑪利亞和若瑟是最先看見耶穌的人，並因聖嬰的美麗而出神，他們先以自己的名，再以所有祂要來救贖者的名，朝拜祂。滿了八天，聖若瑟依照天使的吩咐，給孩子取名為耶穌，意思是「祂將從罪惡中拯救祂的子民」。這端奧蹟提醒我們，當如何隨時恭敬地光榮耶穌聖名，因為祂的聖名經常被人濫用！耶穌的神聖名號，是超乎所有名稱的，因為這是唯一帶來救恩的聖名。

獻耶穌於聖殿

耶穌出生四十天以後，瑪利亞和若瑟把祂抱到耶路撒冷的聖殿，依照法律的規定，把祂交給司祭，司祭再隆重地把祂獻給上主。我們可能馬上會問，為什麼要把耶穌帶到聖殿獻給上主？祂不是大於法律和聖殿的天主聖子嗎？但我們也由此確知，天父要耶穌服從法律的規定，藉以指示我們中悅天主的方法。

經由公開地滿全法律的規定，並由司祭把他們的孩子奉獻給上主，瑪利亞和若瑟也把自己奉獻給天主。他們愛耶穌勝過自己，耶穌是他們生活的中心，他們奉獻耶穌給天主時，也以感恩之情和祂結合在一起，奉獻他們自己的心靈和生命。聖家在心思意念上的靈性結合，是所有家庭的模範與典型。

這端奧蹟激發我們去問：對於完全遵守天主的法律，我們是否有順服的精神和開放的心？遵守天主的法律，是尋求主榮在萬有之上的金鑰匙。《聖詠》作者再三提醒我們：「祢的律法是我心靈的喜悅與幸福。」願天主的法律永遠是我們心靈的喜悅！

在聖殿找到孩童耶穌

每年逾越節，瑪利亞和若瑟都帶耶穌上耶路撒冷聖殿，聖經明確告訴我們，到十二歲，耶穌的童年即告結束。在法律上，耶穌現在被視為「法律之子」，宗教上的成年人了。在這趟聖殿之旅中，耶穌忽然失蹤了，瑪利亞和若瑟痛苦焦心的尋找祂，但根據記載，我們知道耶穌並沒有走失，反而是祂有意躲開父母，以顯露祂一生的真正使命。

而瑪利亞和若瑟看不到祂時，就仔細尋找祂，最後發現祂坐在聖殿的門廊中回答經師的問題。對於祂詢問的問題和所提出的答覆，大家都很驚訝，找到耶穌的這一幕是聖經中最深刻的場景之一，瑪利亞向耶穌說出他們的痛苦，她問耶穌：「你不知道你的父親和我一直在痛苦地找你嗎？」耶穌的回答中暗示，祂的童年已結束，現在是祂實現天父賦予祂成年使命的時候了！耶穌這樣回答：「你們不知道我必須做我父的事業嗎？」這使命就是向世人顯示祂的天父，因為天父是世人一切恩寵和祝福的來源。

這端奧蹟的重要教訓在於，耶穌經常選擇顯示，或使我們知道，我們所未期待的真理，然後耶穌才能引導我們進入更高的境界，超過我們所期待的，並且更深的進入天主對我們的真正救恩計畫中，所以我們要像瑪利亞那樣，充滿愛、細心地把天主的計畫默存心中，直到天主賜給我們所需的一切光明和力量。

福音明確告訴我們，這一幕有一個快樂的結束，耶穌跟瑪利亞和若瑟從耶路撒冷下去，回到納匝肋的家，屬他們管轄。於耶穌平安的臨在中，瑪利亞和若瑟方能瞭解並接受耶穌的啟示，他們再度完全地、懷著愛來接受天主的聖意。像往常那樣，聖家生活在平安與和諧中。

痛苦奧蹟

革責瑪尼園的劇苦

耶穌和宗徒們吃完最後晚餐，他們都離開餐桌站起來開始唱歌「讚美天主」，這首讚歌希伯來語稱為 *Hallel*。在逾越節的月光下，他們跟隨耶穌前往橄欖園，耶穌知道即將發生什麼事，於是邀請宗徒和祂一起祈禱，祂對他們說：「你們應當祈禱，免得陷於誘惑。」黑暗的時刻迫近了，耶穌要祂所愛的人祈禱時留在祂身邊，好使他們安全。事實上，耶穌懇求祂的宗徒留下和祂在一起，祂要他們祈禱：「父啊！不要隨我的意願，唯照祢的意願成就罷！」這祈求是天主經的重心，但宗徒反而因軟弱而睡著了。

在孤獨中，一種可怕的劇痛籠罩了耶穌，致使「祂的汗如血珠滴在地上。」耶穌繼續祈禱，祂為我們所有人祈禱，祂做了極其重要的祈禱：「父啊！若是可能，就讓這杯離開我罷！但不要照我，而要照祢所願意的。」

聖女大德蘭回想福音的這一幕時，絕不會聽不到基督刻骨銘心的邀請，求她及全人類和祂一起祈禱。她獲得恩寵，深悟山園中的耶穌懇求我們在祈禱中陪伴祂⋯對聖女大德蘭來說，要忽視吾主的懇求是不可思議的，她告訴我們，當她看到耶穌孤拎拎的，並深深地渴望她的陪伴，這一幕帶給她信心！按聖經這一幕的本義，我們能真實領悟，基督多麼需要我們每天祈禱的陪伴，更正確地說，這端《玫瑰經》告訴我們，耶穌希望我們和祂一起祈禱，向祂的天父祈求：「不要隨我的意願，唯照祢的意願成就罷！」

每次我們的心回到這端《玫瑰經》的奧蹟，就是參與了耶穌為人類所受的痛苦和孤獨。不過，我們也是以陪伴基督，以參加祂對抗黑暗根源的最深祈禱，來安慰祂。山園中的祈禱，是使基督繼續走向加爾瓦略山的祈禱，儘管祂的痛苦更加劇烈⋯⋯和基督這個祈禱結合，使我們在面臨最惡劣的時刻，至極的恐懼侵蝕我們的勇氣時，能持久忍耐。我們也要讓自己進入耶穌的痛苦，祂為我們祈禱，使我們獲得堅忍不屈的恩寵，絕不向失望或沮喪讓步，相反地，讓我們都和耶穌一起走向加爾瓦略山。

繫於柱上受鞭笞

這端奧蹟經常生動地提醒，因我們和全人類的罪，耶穌最純潔神聖的肉身忍受殘酷的鞭打！刑役們把一個人打成血肉模糊，必定是對耶穌充滿魔鬼似的仇恨和藐視！他遭遇到那麼野蠻的鞭笞，聖身遍體鱗傷。為了愛我們，耶穌忍受這一切，使我們能有足夠的勇氣真誠的同情祂，並祂至極的痛苦中，和祂一起祈禱。

默觀主受鞭笞時，我們對自己不要過於放縱，也不要太怯懦於想像基督所受的痛苦與羞辱。生動的想像刑役的殘酷鞭笞，以及加諸於我們無玷救主的痛苦，這對我們並沒有傷害，即使如此，正如聖女大德蘭提醒我們的，對祂所受的苦痛，我們可能無法想得很久⋯默想及參與基督的苦難，並盡可能真實的去修行，這是很寶貴的恩寵。

我們要謹記，耶穌受審判並處以羞辱的刑罰，遭受職業刑役的鞭笞，乃是由於我們的罪過！我們默想基督的苦難，並為我們的救主悲傷時，是提醒我們，人類所有的痛苦都已被聖化，倘若這些痛苦和基督的痛苦結合，並和祂一起承擔。

戴茨冠

羅馬諾・加蒂尼（Romano Guardini）曾寫道，假如你真要羞辱一個人，「就在他的頭上下手！」這個行動原則，就是我們看著戴上茨冠的基督時所要默觀的。耶穌的仇敵把茨冠戴在祂神聖的頭上，蒙住他的雙眼來嘲笑、羞辱祂。士兵懷著諷刺愚弄的心，譏嘲訕笑祂，掌摑祂的臉，甚至戲稱祂為猶太人的君王。

往往冒犯神聖至尊天主的罪，不是別的，就是天主的受造物以嘲笑甚至是輕蔑的侮辱得罪祂！天主照自己的肖像和模樣造了男人和女人，所以每個人都能進入，並享有與祂的一種愛及愉悅的位際關係。唯透過天主的良善，人類才得以存在，這是天主的旨意，人類畢生的歲月，應聖潔無瑕疵地在祂眼前行走。但願我們經常能向上主高舉聖潔無瑕疵的雙手，讚美、朝拜祂，向祂做有益的祈求。

耶穌被判死刑

耶穌臨終前幾個小時的細節，詳細地記載在福音書中。我們在福音中看到，耶穌的命運取決於法庭的定罪，宣判全然聖善無罪的耶穌犯了重罪，不配活在世上，這判決一旦通過，很快就要執刑：處決的這一位，祂唯一的罪是以無限的聖愛來愛所有的人：執行小組開始工作，集合步兵大隊，搬出十字架的橫木，一個士兵走在遊行隊伍前面，帶著罪狀牌，上面以大寫字母寫著耶穌的罪名：這是個羞辱的遊行，意思是要告示群眾，耶穌的罪名是多麼的可恥！

而耶穌卻接受了意外的幫助…西滿，一個遠從基勒乃來的人，被迫幫忙而背起十字架的橫木。現在耶穌耗盡了體力，因為祂受到士兵十分殘酷的鞭打，又已超過二十四小時沒吃沒睡，士兵顯然知道，耶穌根本不能獨立背負十字架的橫木。傳統告訴我們，西滿起初不情願幫助，透過天主特別的恩寵，他的不情願才變成心甘情願。最後他開始幫助救主，發現內心甘願的精神，使這仁愛的行動成為充滿恩寵的事件！我們以他給予主的幫助為傲，我們只顧自己也能減輕救主的痛苦！每次我們抗拒罪惡，每次我們幫助別人抗拒罪惡，我們就是在減輕我們救主的重擔，在基督救贖的使命中勇敢地幫助祂。

耶穌死在十字架上

默觀天父的聖子，祂來到世上為作世人的光明與生命，竟被祂所創造的人處死，這是何等可怕的事！而當可恥的隊伍抵達加爾瓦略山時，人們剝除耶穌的衣服。釘子穿進祂的身體，把祂釘在十字架上，然後十字架豎起來展示給所有人看！聖經告訴我們，人們竟敢接近耶穌的十字架向他吐唾沫，以褻瀆的話辱罵祂。

耶穌的仇敵充滿輕視，喊叫說：「你如果是默西亞，就從十字架上下來，我們就相信你。」身為全能者，耶穌卻沒有下來。在福音裡，祂告訴我們：「當我在十字架上被高舉起來時，我要吸引眾人歸向我和我的天父。」耶穌用祂的聖愛的全能留在十字架上，死在十字架上，為全人類贏得救恩。

想到靠近耶穌的十字架旁，有祂的母親瑪利亞、愛徒聖若望和聖女瑪麗德蓮，總會帶給人一絲安慰的亮光。祂們守望在十字架下，不顧士兵和憤怒群眾的威脅和侮辱，他們守在那裡直到最後…他們充滿了愛，所以堅守在哪裡看著耶穌是如何的愛我們到底，他們要親自作證，他們愛，如耶穌一般的愛。

不論何時，當我們受誘犯罪，或被今世的罪惡征服時，讓我們走向十字架，置身於聖母瑪利亞、聖若望、聖女瑪麗德蓮和其他婦女旁邊。讓我們懷著愛，細心地仰望十字架上的基督，反覆誦念這段禱文：「基督啊！我們朝拜祢，我們讚美祢，因為祢藉著祢的十字聖架救贖了普世。」讓我們請童貞瑪利亞和聖若望為我們轉求，使我們絕不再故意冒犯耶穌。每天在彌撒中，讓我們祈求聖神，依靠耶穌的痛苦和死亡，轉化我們，使「我們在基督內成為一心一體。」願瑪利亞為我們轉求，使我們的祈禱得到應允。

願我永不忘記，基督為我的罪承受了多少痛苦！願我永不忘記，我對主是何等的忘恩負義！願我繼續求祂寬恕！願我眼前經常保持這端真裡：除非我完全瞭悟，基督為我而被迫受苦受難，除非我為自己的罪徹底悲傷並悔改，向我的救主表達全心由衷的感激，因為祂是拯救我的主及天主，否則，我絕不能獲允進入天父永恆的國度！

榮福奧蹟

耶穌復活

耶穌復活的奧蹟，意指在加爾瓦略山被釘死之後，耶穌戰勝了罪惡乃至死亡本身。耶穌不再死亡！祂活著，並如同天主般永遠活著！施恩主教生動的概述驚人的復活真理，他寫道：「納匝勒的耶穌，是唯一死後三天信守和朋友約會的人。」所以，復活的耶穌，永遠被尊為「主，賦予生命者。」

但復活還有進一步的意義！復活的耶穌證明，祂不再受世間的限制，不再受人類罪惡加在人身上的限制！復活的意思是，即使耶穌的肉身現在也神化了！之前，耶穌受飢餓、乾渴、疲倦和痛苦的限制，現在復活的主再沒有這些人性的侷限。聖經中記載了確實的明證，我們看到，第一個復活主日時，耶穌光榮的聖身，穿過緊閉的門戶，顯現給在樓房裡的宗徒們。

這個奧蹟啟示我們，有一天被選者將完全相似復活的基督，他們的身體亦然。我們將不再經歷今世生命的限制，我們光榮的身體將完全脫離罪惡和罪惡的影響，因為身體將充滿天主的光榮，並置身在天主聖神直接的影響下。

基督藉著祂的苦難拯救我們，除去我們的罪惡，但這是透過祂的復活奧蹟，對於一切相信的人，基督成為永生之源！宗徒們因害怕猶太人，在樓房內把門戶都關著，耶穌顯現給他們所做的第一件事，是向他們每一位噓氣說：「你們領受聖神吧！」耶穌復活的祝福，現在已成為我們的，耶穌會士戴夫．斯坦利（Dave Stanley）曾寫道：

「耶穌復活是基督徒復活進入光榮永生的本源！復活耶穌的天父，也會使基督徒復活，進入永恆的光榮中，和祂的聖子同在。」

這端神聖的奧蹟令人想到聖保祿的教導，在洗禮中，我們已經和基督一起復活，得到天主的新生命，現在復活的耶穌完全是生活的，與天主同在，即使在祂的身體內，祂也能給我們聖神的圓滿恩賜。人們常說，基督徒、必須是「讚美天主的民族（Alleluia People）。」意思是，基督徒必須經常喜樂，因為，就像那些和基督結合的人，我們已經獲得了基督為我們賺得的新生命，我們必須為此恩賜向天主獻上無盡的感激。

耶穌升天

在這端奧蹟中，我們默想耶穌升天進入天國，這端奧蹟不容易瞭解，我們的信仰教導我們，禮儀也確定，耶穌升天坐在天父的右邊的真理，是基督所有奧蹟中最大的奧蹟！透過耶穌升天，復活的主被提高到天主的右邊登極為王，因為祂付出生命拯救人類。我們也可以說，升天是耶穌生命的最終滿全！因為這端奧蹟，耶穌的勝利是徹底的、全面的和決定性的。

耶穌升天是耶穌塵世生活的終結，標示出祂復活、光榮的聖身，上升到天堂、神界。聖經記載，主升天的那日，把祂自己的人聚集起來，帶他們到一座很高的山上，在他們的目睹下，耶穌被高舉上升，離開了他們的視線。教會很重視耶穌這最後的一幕，當耶穌被接升天時，祂的手舉起來降福教會，教會以此提醒我們，並向我們保證，耶穌會一直祝福我們，並在天父的右邊為我們轉求，直到末日，祂來把我們的肉身和靈魂帶到天父永恆的家。

因為我們和基督一起復活，聖保祿催促我們「尋求天上的事，在那裡基督坐在天父的右邊。」基督升天節的禮儀，極其強調基督升天是我們的榮耀和希望！在這個慶節的禮儀經本上有個段落，我們看到「天父把基督升到我們視線之外，好使我們在祂的光榮中尋找祂。」最後，耶穌升天節彌撒的頌謝詞使我們想起：

「主基督已遠離我們的視線，祂並非放棄我們，而是成為我們的希望。我滿懷信賴地祈禱，因為耶穌已經坐在天父的右邊的尊威寶座上，我們得以期待在末日和祂喜樂地團聚，並和所有被拯救的人歡聚在永恆的福樂中。」

願我們經常想到耶穌安慰人的話：「我去，為你們預備地方，為的是我在哪裡，你們也在哪裡。」聖保祿強調，如果基督已經上升到諸天之上，高居眾王國與天國的寶座上，那麼我們現在就必須在高處，在天父的右邊，尋找祂。

聖神降臨

五旬節可以說是復活節的圓滿結束。第一個五旬節，耶穌促使教會誕生，透過聖神的傾注，授予教會能力，向各邦國宣講，分施一切救恩，這些救恩乃是基督由其苦難、死亡、復活及升到天父右邊而贏得的。《宗徒大事錄》提醒我們，耶穌升天以前，告訴宗徒留在屋內祈禱，直到他們領受「來自高天的恩賜」。宗徒們和主的母親瑪利亞聚在最後晚餐廳一起祈禱時，聖神降臨在新誕生的教會，這教會將把救恩帶給世界。

耶穌在世生活時，祂無法把聖神完全授予祂的追隨者，祂升到天父那裡以後，就把聖神全部的聖德與力量遣發給祂的教會。照馬彌翁神父所說的，遣發聖神給宗徒，如你們所知道的，無非就是建立教會。聖經告訴我們，最後晚餐時，耶穌對宗徒說，對祂而言，離開祂們到天父那裡去更好。除非祂升到天父的右邊，否則祂不能遣發護衛者，真理之神，來安慰他們、強化他們。

宗徒們很憂慮，非常憂慮，耶穌即將拋棄他們，使他們不再有響導。耶穌向他們保證，那種情況絕不會發生，當聖神在五旬節降臨時，令人信服的證明果然出現，他們才知道基督仍然和他們同在。祂的話是真的，透過聖神，耶穌比以前更有力地活在他們心中。《天主教教理》稱五旬節之後的時代為「聖神與作證的時代。」這也是教會要受考驗的時代！但是聖父和聖子共發的聖神豐富了教會，並給教會最後勝利所需的一切保證。基督許諾要遣發聖神：「祂要留下永遠和你們同在，永遠和你們同住。」教會以信心繼續面對未來，直到她能向新郎說：「主耶穌，請來！」的那天來臨。

聖母升天

一九五〇年十一月一日，教宗碧岳十二世隆重欽定聖母升天為信理，聖母的肉身和靈魂一起進入天堂。在這場合，宗座講了一篇極為優美的道理，他勸勉聚集在那裡的廣大群眾說：「舉目向天默觀你們在光榮中的母親。」記住這句動人心弦的話語，我們開始深思這端奧蹟。

因著聖母光榮升天，使瑪利亞相似她的聖子，復活的耶穌。因著聖母升天的特恩，確定瑪利亞永遠滿被聖寵，被舉揚到天堂的光榮中，在那裡將永遠和她的聖子同在。願光榮中的聖母堅定其子女的信德，鼓勵我們承擔今世的考驗，使我們結束世間的旅居之後，能和她團聚在光榮中。

聖母升天彌撒的頌謝詞告訴我們：

「……今天天主的童貞母親蒙召升天，是教會要達到圓滿境界的開始和典型，也是她的子民在人生旅途中，希望和安慰的憑證。」

在這端奧蹟中，瑪利亞提醒我們，今世不是我們最終的目的地，她激勵我們凝視永恆的家鄉…在那裡，我們將有屬於天國的無盡喜樂和平安！

立瑪利亞為天使與諸聖的母后

如果聖母升天使瑪利亞完全相似她復活的聖子，那麼，由於她受舉揚，超越眾天使和眾聖人之上，她就相似那升上高天、永遠在天父的右邊的聖子。顯然地，天堂最榮耀的位置是天父賜給耶穌的，僅次於耶穌，瑪利亞在天堂是最榮耀第一位。她甚至高於天堂所有的天使，因接受了成為天主之母的榮耀，瑪利亞比其他受造物更光榮天主。這端《玫瑰經》的奧蹟，反映出天主如何光榮了祂聖子的母親，並願應允她的每一個祈求。

如同基督一直在天堂為我們轉求，瑪利亞也總是聯合她的聖子，為她在世子女的需要祈禱。瑪利亞知道我們所有的需要，懂得我們在此涕泣之谷經歷的考驗。當我們向瑪利亞祈禱時，我們必須不斷提醒自己，她現在和她的聖子一起在光榮中，她最大的願望就是幫助在一切考驗中的教會。也讓我們記住，她在不斷祈禱，願她的所有子女來日能和她的聖子同在永遠的光榮中。

在我們結束默想這端光榮奧蹟之前，回想聖女大德蘭在她「靈修證言」中的報告，是會有所助益的：每次耶穌顯現給她，總是以光榮的狀態出現。這情形所確定的真理就是，我們必須尋求現在光榮地在天父右邊的基督。

在那裡我們會發現我們光榮的母親瑪利亞在祂的身邊。聖女大德蘭也寫道：「從耶穌告訴我的某些事情，我瞭解到，耶穌升天之後，除了在至聖聖體中，祂從未降來世間和任何人交談。」

《玫瑰經》的光明奧蹟

先教宗若望保祿二世於「至聖《玫瑰經》」的宗座牧函中，增加了五端《玫瑰經》的奧蹟。理由在於《玫瑰經》內沒有包括耶穌公開生活的重要奧蹟。加上光明五端，《玫瑰經》真的囊括了主耶穌生活的所有階段。

尤其是在耶穌公開生活的事件中，祂真的如同「世界之光」般地顯現出來。此乃耶穌的真實工作和使命，因為祂來宣揚天主國的訊息，及人類的救贖所需要的一切。福音告訴我們，這個訊息要在屋頂上向全世界宣揚。

耶穌來公布和宣揚這個至高的救恩行動，因祂救贖的聖死與復活，彰顯出祂是天主聖子，因而能把祂許諾的救恩給予人。這意味著，所有的人都必須以誠懇的信德和悔改回應祂的召叫，因為天主聖子之降生成人，正是為了這個理由。

現在，讓我們更詳細的檢視、深思這五個新的光明奧蹟。

耶穌在約旦河受洗

洗者若翰受天主派遣，走在耶穌前面，為救世主耶穌準備人民。他宣講悔罪的重要，並施行悔罪的洗禮，使人民真的痛悔他們的罪，預備接受救贖主耶穌的降福。

有一天，當若翰在施洗時，耶穌也排在隊伍中，這些民眾是為了赦罪前來受洗的。耶穌無須受洗，因為他是天主聖子，完全沒有罪過，那麼，為什麼耶穌要排在民眾的隊伍裡，接受洗者若翰的洗禮呢？

聖經告訴我們，本來洗者若翰拒絕為耶穌施洗，因為他知道耶穌如此神聖，祂無須受洗。然而，耶穌對若翰說，這是為了完成天主的義德，為什麼呢？因為耶穌把自己當作和罪人一樣，為了我們的緣故，無罪的人成了罪人，好使我們眾人都能得救。

在此，我們看見福音至聖法律的作用，每當耶穌貶抑自己，天主聖父就舉揚祂。所以，當耶穌接受洗禮時，天就開了，聖父宣稱祂為愛子，派遣聖神降在祂身上，賦予祂將要完成的使命。

耶穌參加加納婚宴

第二個光明奧蹟，是耶穌在加納初行奇蹟（《若望福音》二1－12）。基督變水為酒，打開了門徒的心，使他們得到信德，感謝聖母瑪利亞的轉求，她是眾信者中第一個相信的。

福音告訴我們，在加納，耶穌、瑪利亞和門徒們都被邀請去參加婚宴，當瑪利亞來到時，她從僕役獲知有六個裝水的大石缸，可是婚宴的酒已沒有了，顯然的，酒是宴席中不可或缺的成分。

瑪利亞瞭解僕役領班的難堪，她十分焦急地回應這個情況，瑪利亞知道，她的兒子很快就會來到，於是對僕役們說：「我的兒子無論吩咐你們做什麼，你們就做什麼。」他們服從了主的命令，六大缸的水變成了酒，在福音中，這是主首次顯示了祂的神能，為此之故，門徒們立即信從了祂，在這個事件中，瑪利亞的轉禱這麼重要，她的這句話：「我的兒子無論吩咐你們做什麼，你們就做什麼。」永遠是一道寶貴的光明，使基督徒了悟基督是真天主。

宣揚天主的國

第三個光明奧蹟是耶穌宣講天主的國臨近了，召叫所有的人悔改（《馬爾谷福音》一15）。凡以謙虛的信賴親近祂的人，都能得到罪赦。

我們在聖經中讀到，天主對人民說：「如果你們做我的子民，我將是你們的天主。」誦念這端《玫瑰經》的奧蹟時，我們提醒自己，藉著追隨基督的光明和教導，我們證實自己真的是天主的子女。

耶穌公開傳教的期間，祂不只教導神性的真理，也強調，如果我們遵守祂的話，我們就真的是天主的子女。祂強調，因為祂常做父命令祂的一切事，為此，凡是忠心接受且實行祂的教導的人，明確表現出他們是真實又忠心的門徒。此外，福音記載許多仁慈的神蹟，作為標記，證實祂是善牧。祂為所有的人尋求圓滿的生命。

教宗提醒我們，主耶穌繼續執行祂的使命，直到世界末日，特別透過和好聖事，祂已永遠的把祂的無限仁慈交託給教會（《若望福音》二十22－23）。

顯聖容

這個卓越無比的光明奧蹟是顯聖容。傳統上相信，這事發生在大博爾山，天主的光榮從基督的面容放射出來，那時聖父命令幾位驚愕的門徒：「你們要聽從祂。」（《路加福音》九35）準備和祂一起經驗苦難的死亡之苦，好能與祂分享復活的喜樂，後來度著神聖而變化形像的生活。

我們必須指出，福音中記載顯聖容的事蹟，路加告訴我們，在此刻宗徒們都睡著了（《路加福音》九32）。不過，聖經學家提醒我們，這個睡著了，要解釋為出神狀態，加強他們體悟神蹟。此外，要記得，福音告訴我們，這事的發生，是在基督第一次對宗徒們說出祂快要面臨的苦難和聖死之後，這個顯聖容的神蹟給他們勇氣，繼續做主的跟隨者。

前三部音記載，宗徒們無法完全明瞭這事件，要等到耶穌復活後，復活主日的晚上，在小樓房上，祂向宗徒們噓氣使他們充滿聖神，到那時祂們才會完全明瞭。

基督顯聖容及聖父說的話，也是準備宗徒們接受主的苦難和聖死，支持他們的信德，有助於後來的傳教任務。

我們看到，耶穌顯聖容慶節的彌撒中，教會誦念的領聖體後經：「上主，祢願意你的聖子藉著榮耀的顯容、放射出祂神性的光輝；求你使我們因所領的天糧改變我們，成為祂的肖像。」

同時，新的《天主教要理》加上這些話：「耶穌顯聖容使我們預嘗基督光榮的來臨，祂要改變我們卑微的身體，相似祂光榮的身體（《斐理伯人書》三21）。」

建立聖體

最後一個光明奧蹟是建立聖體，基督以麵餅和酒的形像，祈禱祝聖祂的聖體和聖血作為食糧，證實祂愛人到底（《若望福音》十三1）⋯為了人的得救，祂奉獻自己做為犧牲。

基督在受難和死亡的前夕，把聖體留給教會，作為神聖的紀念。在每台彌撒中教會提醒我們，藉著奉獻每一台彌撒，我們遵照祂的聖意，紀念救主的愛。在每台彌撒中，我們不只紀念基督的痛苦和死亡，也紀念祂的光榮和復活、上升高天、坐在天父的右邊、及祂在世末的第二次光榮來臨。馬彌翁神父清楚的提醒我們，當我們參加彌撒、領聖體時，我們在聖事中領的是現在的基督，是光榮中的基督，亦即，我們領的是在天堂上、坐在天父右邊光榮復活的耶穌。我們決不可忘記，天堂上，光榮中的基督，仍保有祂生命中所有神聖的事跡，即祂為了我們的得救和未來的光榮，所度過的生命。為此之故，教會感到不得不在整個禮儀年中，紀念主基督一生中這麼許多的榮福奧蹟。

當我們準備領聖體時，確定自己懷著活潑的信德去領主，這是非常有益的！回想天主聖父在基督顯聖容時說的話，提醒我們所領的是祂的聖子，是祂所喜悅的，這很能幫助我們熱心的領主。

再者，往往我們也能以完全委順於主基督，來預備自己領聖體。而如果我們回想，瑪利亞所說的美麗又寶貴的話語：「我的兒子無論吩咐你們做什麼，你們就做什麼。」更是特別有助益。在聖母話語的光照下，我們甘心樂意的全然委順於基督，祂必會將自己完全地賞賜給我們。

後記

慈母聖教會在玫瑰聖母紀念日的彌撒禮儀中強調，透過信友常念《玫瑰經》，致富了教會的靈修！《玫瑰經》在天主教徒生活中的意義和有益的地位，優美地概述於那台彌撒古老的禱文中。這禱文提醒我們，真正的瑪利亞敬禮是天主珍貴的禮物，因為那是以基督生活的救援奧蹟為基礎，以渴望盡所能完美地活出它們而設立的⋯禱文所述如下：

「天主，祢的唯一聖子，因祂的死亡與復活，為我們得到了永恆救恩的報酬；我們懇求祢，經由默想童貞瑪利亞的至聖《玫瑰經》奧蹟，使我們效法其內涵，並獲得主基督所許諾的恩惠。阿們。」

聖母強烈的要求我們瞭解，透過她聖子一生的功勞，並透過她的轉求，能為我們的得救以及為教會的益處，求得所需要的一切聖寵。此外，我們天上的母親懇求她所有的孩子，繼續細心的默想她聖子一生的救贖事件，最重要的，是懷以最大的熱心，活出這些神聖的奧蹟。瑪利亞在加納婚筵中，不是告訴僕人：「我的兒子無論吩咐你們什麼，你們就做什麼」嗎？當僕人們做了瑪利亞對他們所說的，福音不是為我們記載了隨之發生的奇蹟嗎？⋯是的，瑪利亞的勸告，對今日愛《玫瑰經》的人仍然是一樣的！總之，如果我們實行瑪利亞的勸告，我們會有同樣的結果，我們永不會失望！

結束本文時，我們來回想一下，德蘭加爾默羅會一位最有名望的作者所說的話。聖女大德蘭逝世後一年，可敬的耶穌瑪利亞．若望（John of

Jesus and Mary）入了加爾默羅會，在聖十字若望指導下做初學生。在他著名的《對初學生的教導》中，耶穌瑪利亞．若望提供我們敬禮瑪利亞的特別勸告，以下就是他對修會會士的忠告：

①讓他們經常沉思默想瑪利亞的生活與行動，因為非常值得效法，為的是從中吸取對他們和他人有用的教導。因為非常確定的是，真正敬禮更在於效法，而不僅是祈禱而已。

②無論如何，大家都應當規規矩矩地誦念他們習慣光榮聖母的祈禱文——《玫瑰經》、每天的獻功經，不論何時發生狀況，他們應努力全心歌頌聖母的讚美詩。

③他們絕不可把瑪利亞和耶穌分開，因為這是獲得基督徒全德最有效的途徑，並可驅逐及對抗各種邪惡。假如初學生不能習慣在心中想像耶穌和瑪利亞，至少讓他們經常想起他們甜蜜的名字：「天主所結合的，沒有人分得開。」

④我們所說的一切都是確實的，但比不上她的功勞和我們的本份。最

後我們期待的是使初學生明白，在服事這位偉大的母后方面疏忽或懈怠，是何等的羞愧！

國家圖書館出版品預行編目 (CIP) 資料

歡迎來到加爾默羅會 / 麥克・格利芬 (Michael D. Griffin)，佩琪・威爾金森 (Peggy Wilkinson) 等作；台灣加爾默羅會譯 . -- 初版 . -- 臺北市：星火文化有限公司，2022.10
面；　公分 . -- (加爾默羅靈修；24)
譯自：Welcome to Carmel：a handbook for aspirants to the discalced Carmelite secular order.
ISBN 978-986-98715-8-7(平裝)

1.CST：天主教　2.CST：靈修

244.93　　111015186

加爾默羅靈修 024

歡迎來到加爾默羅會

作　　者／麥克・格利芬神父 Michael D. Griffin OCD、
佩琪・威爾金森 Peggy Wilkinson OCDS 等

譯　　者／台灣加爾默羅會

封面設計／林雯瑛
內頁排版

總 編 輯／徐仲秋

出　　版／星火文化有限公司
台北市衡陽路七號八樓

營運統籌／大是文化有限公司

業務企畫／業務經理林裕安　業務專員馬絮盈　行銷業務李秀蕙
行銷企劃徐千晴　美術編輯林彥君
讀者服務專線 02-23757911 分機 122
24 小時讀者服務傳真：（02）23756999

法律顧問／永然聯合法律事務所

香港發行／豐達出版發行有限公司
Rich Publishing & Distribution Ltd
香港柴灣永泰道 70 號柴灣工業城第 2 期 1805 室
Unit 1805, Ph. 2, Chai Wan Ind City, 70 Wing Tai Rd,
Chai Wan, Hong Kong
電話：21726513 傳真：21724355
email：cary@subseasy.com.hk

印　　刷／韋懋實業有限公司　Printed in Taiwan

2022 年 10 月 初版

ISBN 978-986-98715-8-7　定價／400 元